Christiane Bach
Walburga Schillinger
Barbara Sester

Omas Gärten

Silberburg-Verlag
www.silberburg.de

Christiane Bach | Walburga Schillinger | Barbara Sester

Omas *Gärten*

Mitherausgegeben
von der Badischen
Bauern Zeitung

BBZ

Die Autorinnen:
Für **Walburga Schillinger**, Jahrgang 1964, gehörte ein Garten immer zum Leben. Aufgewachsen auf einem Hof im Hochschwarzwald, pflegt sie heute auf dem Höfenhof in Schiltach ein wahres Bauerngartenparadies. Sie ist gefragte Gartenautorin für Fachzeitschriften und Vorsitzende des Netzwerks »Bauerngarten- und Wildkräuterland Baden e. V.«.
Barbara Sester, Jahrgang 1966, ist Agraringenieurin und auf einem Schwarzwaldhof in Gengenbach aufgewachsen, zu dem ein schöner Bauerngarten gehört. Sie hat viele Jahre als Gartenredakteurin gearbeitet und leitet heute den Badischen Landwirtschafts-Verlag in Freiburg. Menschen mit bäuerlicher Prägung kennenlernen und porträtieren ist ihr besonderes Steckenpferd. Im Garten ihres Heimathofes findet sie bis heute die richtige Erdung.

Die Fotografin:
Dass **Christiane Bach**, Jahrgang 1966, am liebsten Pflanzen und die Menschen in ihrer Umgebung fotografiert, liegt an ihrem Metier. Sie hat als Staudengärtnerin noch ein Studium zur Fotografin angeschlossen. Sie lebt in Essen und ist für Gartenpublikationen in Deutschland, Holland und Frankreich unterwegs. Für dieses Buch hat sie die Begegnungen mit der badischen Landschaft, den Gärten und deren Bäuerinnen aufmerksam und einfühlend mit ihrer Kamera festgehalten.

Danksagung
Wir bedanken uns sehr bei allen im Buch vorgestellten Omas für die Bereitschaft, ihren Wissensschatz weiterzugeben. In diese ganz privaten Gartenreiche als Autorinnen und Fotografin herzlich aufgenommen zu werden, ist alles andere als selbstverständlich. Mit Offenheit haben sie uns ihre Lebensgeschichten und Schicksalsschläge erzählt, was uns sehr berührt hat. Auch die alten Familienrezepte wurden bereitwillig herausgegeben. Wie gut sie schmecken, davon durften wir uns so manches Mal vor Ort überzeugen.

1. Auflage 2014

Umschlaggestaltung: Christoph Wöhler, Tübingen,
unter Verwendung von Fotografien von Christiane Bach.
Druck: Gulde-Druck, Tübingen.
Printed in Germany.

ISBN 978-3-8425-1295-5

Inhalt

Von der Selbstverständlichkeit des Gartens

Eingebettet zwischen Hofstelle und Wiesen bereichern Bauerngärten die Landschaft.

Von Walburga Schillinger und Barbara Sester

Ein Bauernhof mit Garten ist immer der schönere, davon sind wir überzeugt. Doch ebenso wie mancher Hofbaum weichen immer mehr Bauerngärten den praktischen Anforderungen moderner Landwirtschaft. Hinzu kommt, dass niemand mehr da ist, der die Zeit und das Wissen hat, Gemüse, Kräuter und Beeren anzubauen und zu verarbeiten. Zu unserer Kindheit auf klassischen Bauernhöfen im Hochschwarzwald und dem Kinzigtal gehörte der Garten einfach mit dazu: taufrische Himbeeren naschen während der Melkpausen, ein behüteter Spielplatz im Verborgenen und die Vielfalt heimischer Gemüsesorten, die jahreszeitlich auf dem Teller landeten.

Mit diesem Buch wollen wir den Blick schärfen für das Kulturgut Bauerngarten. Wie bunte Teppiche liegen sie bei den Hofstellen und bereichern die Landschaft. Glücklicherweise haben wir noch keine Schwierigkeiten gehabt, Frauen mit solchen Gärten zu finden. Für die zwölf in diesem Buch vorgestellten Omas gehören der Garten und die Versorgung daraus ganz selbstverständlich zum Leben. Es stimmt uns daher hoffnungsvoll, dass ein Gärtchen, in dem eine Oma werkelt, wieder eine andere Wertschätzung erfährt und sich so mancher angesprochen fühlt, von den Frauen zu lernen und in deren Fußstapfen zu treten.

Ein buntes Nebeneinander von Blumen und Gemüse zeichnet den bäuerlichen Garten aus.

Garten wandelt sich

Das moderne Leben gibt dazu genügend Impulse: Erdbeeren gibt es das ganze Jahr und Zwiebeln im 5-kg-Sack zu 99 Cent. Diese Trends wollen viele nicht mehr mitmachen, indem sie regional und saisonal einkaufen. Junge Familien legen wieder mehr Wert darauf, ihren Kindern gesundes Essen zuzubereiten. Mit einem Garten geht das wunderbar. Er zeigt, dass Gemüse Zeit, Pflege und wüchsiges Wetter braucht, um zu gedeihen. Was heranwächst, schmeckt und hat einen anderen Wert – in vielerlei Hinsicht.

Für die portraitierten Omas, sie sind zwischen 50 und 92 Jahre alt, hat alles aus ihrem Garten seinen Wert. Es wurde deutlich, dass sich die Bedeutung des Gartens sowohl im Laufe der Zeit als auch im Leben der Frauen verändert hat. Früher mussten Großfamilien mit Gesinde vom Garten und Krautacker komplett das Jahr über versorgt werden. Das erforderte größtes ökonomisches Geschick und gärtnerisches Wissen. Hof und Garten befanden sich in einem Kreislauf, auch für die Tiere wurde im Garten angebaut. Alles wurde verwertet, nichts war unnütz. Viele Frauen lernten dies in Hauswirtschaftsschulen und Großküchen. Oder schon in einer klassischen Ausbildung, wie Gertrud Zapf, eine Meisterin der Ländlichen Hauswirtschaft. Eine gute Vorratshaltung und Resteverwertung waren Tugenden, die den Erfolg des Hofes maßgeblich sicherten. Doch Wertschätzung dafür erhielten die Frauen selten, höchstens im Verborgenen. Oder beim sonntäglichen Besuch der Nachbarin, wenn bewundert wurde, dass man »schee Sach« im Garten hatte.

Ein Krautacker ergänzte früher oft die Gartenfläche, um viele Menschen auf den Höfen zu versorgen.

Medizin für den Körper

Garten musste nebenher und am Abend gehen, Feld- und Stallarbeit waren wichtiger. Nach Feierabend ist die Gartenzeit für Maria King und Elfriede Panter. Hier haben sie ihr Refugium und können ihren Gedanken freien Lauf lassen. Wie die meisten anderen Frauen widmeten sie sich erst nach ihrem aktiven Bäuerinnenleben mehr und auch mal tagsüber dem Garten. Zierpflanzen dürfen mehr Raum einnehmen, Garten wird mehr gestaltet und auf einem Bänkle darf man sich ausruhen. Der Garten half vielen beim Verlust der Ehemänner, er gibt allen Selbstbestätigung, lässt entspannen und sei »nie eine Last«, wie Karoline Bader es ausdrückt.

Die sich wandelnde Bedeutung des Bauerngartens spiegelt und begleitet auf ihren wöchentlichen Gartenseiten seit Jahrzehnten die »Badische Bauern Zeitung«, die dieses Buch mitherausgibt. Schon 1998 lobte sie einen Bauerngartenwettbewerb aus und veranstaltete bald darauf erstmals den »Tag des offenen Bauerngartens«, der seither alle zwei Jahre stattfindet. Seit diesen Aktionen blickt nicht zuletzt so mancher Landwirt mit anderen Augen auf den Garten des Hofes und die Arbeit, die darin steckt.

Eine große Erleichterung, so die Frauen unisono, brachte die Tiefkühltruhe, deren Einführung zeitlich einherging mit großen technischen Errungenschaften in der Landwirtschaft. Die Esstische wurden kleiner. Kulturtechniken der Haltbarmachung wie Trocknen oder Einsäuern verloren an Bedeutung. Ebenso erging es der vielfältigen Hausapotheke für Mensch und Tier, deren Grundlage die Kräuter aus dem Garten waren. Heute sind Volksheilkunde, Kräuterprodukte und alte Gemüsesorten wieder gefragt. Aus dem Interesse an diesen ursprünglich lebensbezogenen Themen ist auch der Verein »Bauerngarten- und Wildkräuterland Baden e. V.« entstanden, in dem sich Gärtnerinnen und moderne Kräuterkundige jeden Alters vernetzen.

Was aus eigenen
Zutaten hergestellt
wird, hat einen
anderen Wert.

Kein Patentrezept

Die im Buch vorgestellten Bauerngärtnerinnen haben ihre Gartenparadiese auf Höhenlagen zwischen 200 und 1000 Metern in jahrzehntelanger Erfahrung geschaffen. Eindrucksvoll zeigt sich in den Portraits, dass es für keinen Garten ein Patentrezept gibt. Jede Oma hat bis heute Erfolge und Misserfolge. Sie schätzen es, dass jedes Gartenjahr wieder anders ist und nie seinen Reiz verliert. Und dass sich Jahreszeiten und die Schönheit der Natur im Garten widerspiegeln. Lassen Sie sich inspirieren!

»In de Garde geh i, au wenn i noch so mied bin em Obe«

Von Barbara Sester

Elfriede Panter, Jahrgang 1944, 2 Kinder, 4 Enkel, Oberkirch (Ortenaukreis).

Bei Elfriede Panter geht der Rebberg fast in den Garten über, oder umgekehrt. Nur ein Grasweg liegt dazwischen, es gibt keinen Zaun. Neben dem 120 Quadratmeter großen Hanggartenstück oberhalb des Anwesens im Oberkircher Ortsteil Gaisbach stehen einige Pfirsich- und Walnussbäume. Zum Bauernhaus geht es an einer Geräteschеune und dem Brennhaus vorbei bergab. Alles ist sauber befestigt und überall ums Haus stehen üppig blühende Oleander, Margeriten, Granatäpfel, Kakteen, Bougainvilleen und mehrere Jahre alte Geranien in Kübeln. Im früheren Kuhstall ist heute reichlich Platz für das Winterquartier der liebevoll gepflegten Kübelriesen. Beim Einwintern kommt die Technik des Bauernhofs zum Einsatz: Stapler und Sackkarre. »Do helfe mini Männer«, sagt Elfriede. Die Kenntnisse und Fähigkeiten ihres Mannes Franz und ihres Sohnes Martin, der heute als Obstbaumeister den spezialisierten Obst- und Weinbaubetrieb führt, kommen ihr auch im Garten zu Hilfe.

Elfriede und Franz etwa 1980 bei der Zwetschgenernte, vorne rechts Tochter Gisela.

Die Tomaten werden bei Familie Panter unter Folien und mit Bewässerung angebaut.

Nach der Blüte der Petersilie beginnen die Samenkörner zu reifen.

Der Garten wird per Seilwinde gefräst

Im Herbst, wenn die Beete abgeerntet und die Blumen abgemäht sind, wird der Garten per Seilwinde und kleinem Pflug gepflügt und im Frühjahr gefräst. »Umsteche mueß ich nimmi«, sagt Elfriede. Auch nicht Beeren oder Kübelpflanzen schneiden – und an den Tomaten darf sie nichts machen, außer pflanzen! »Des isch em Franz sini Sach.« Von einem Nachbarn bekommt sie die Jungpflanzen. Er zieht besondere Sorten, kleine Herztomaten oder lange Roma, und sorgt durch gute Belüftung, dass die Pflanzen kräftig und »nit so lusch« sind, wenn sie im Mai bei ihr ins Freiland kommen. In die Pflanzlöcher kommt eine Handvoll frische Brennnesseln, sie werden an Stöcke gebunden und eine Tröpfchenbewässerung wird gelegt. Die wird sonst bei Rebjunganlagen verwendet. Dann kommt ein Foliendach drüber, das im Herbst

Enkelin Hannah nascht gerne Himbeeren aus Omas Garten. Links: Blick über die Dahlienstauden auf die Ortsmitte Gaisbachs.

wieder wegkommt. Hier helfen die Saisonarbeitskräfte aus Polen, die ab Ende Mai bis nach der Apfelernte im Herbst auf dem Hof leben. Wie die ganze Familie sind auch sie begeisterte Tomatenesser, frisch oder als »Ketchup« verarbeitet. Jährlich werden 40 Tomatenstöcke gepflanzt. Auch die scharfen Pfefferoni finden bei den Osteuropäern guten Anklang. Zur Familie gehören neben Franz auch noch sein Bruder Anton, Sohn Martin, Schwiegertochter Kathrin und die Kinder Jonas und Hannah. Elfriede kocht in der Saison täglich auch für bis zu acht Erntehelfer. Das braucht frische und konservierte Vorräte. Vieles kommt in die Truhe. Da kann der Garten ruhig reichlich tragen.

Enkel hüten, hier Elfriede und Julian, lässt sich gut mit Gartenarbeit kombinieren. Unten: Auch PFefferoni wachsen in Elfriedes Garten.

Hobby, Freizeit und Ausgleich

Im Garten wächst alles, außer Rettich, Blumenkohl und Brokkoli, »des will nit«. Dafür Bohnen, Lauch, Kraut, Paprika, Karotten, Salat – das klassische Sortiment eines Bauerngartens eben. Ihre Setzlinge holt Elfriede auf dem Oberkircher Wochenmarkt von einem Gärtner der Region. »Der zählt guet«, sagt sie verschmitzt. Obwohl der Garten wesentlich zur Ernährung der Familie beiträgt, ist er für Elfriede vor allem Hobby, Freizeit und Ausgleich. »In de Garde geh i, au wenn i noch so mied bin am Obe.«

Sie hat den Garten etwa 1975 angelegt, weil die Schwiegermutter keinen Garten hatte. Auch zu Hause in Durbach, einem Nachbartal, hatte sie schon einmal aus einem Stück Rebberg einen Garten gemacht. Der Vater ließ sich dafür begeistern. Ihre Mutter ist an Krebs gestorben, als Elfriede

Im milden Weinbergklima des Renchtals gedeihen auch Pfirsiche prächtig.

siebzehn war. Ihr Bruder und eine Schwester lebten und halfen auf dem Hof der Großeltern, weil dort beide möglichen Hofnachfolger nicht mehr aus dem Krieg zurückgekommen waren. Mit dem Vater in Durbach lebte noch Ursula, die Jüngste, ein Mädchen mit Down-Syndrom. »Mir hen viel schaffe mieße«, erzählt Elfriede über ihre Jugend. Der Vater heiratete wieder, mit der Stiefmutter kam sie gut aus und kümmert sich bis heute zusammen mit der Schwester um die betagte Frau. Sie und ihr Vater waren ein gutes Gespann und sie sollte den Hof übernehmen. In schwere Gewissensnöte kam sie, als sie sich in Franz verliebte, der einen eigenen Hof hatte. Gegen den Willen des Vaters entschied sie sich für Franz. Bereut hat sie ihre Entscheidung nie. »Ich hab so e gueter Mann«, sagt sie und blickt ihren Franz immer noch verliebt an.

Der Hof der Panters ist im April 1945, wenige Tage vor Kriegsende, zusammen mit weiteren Höfen in Gaisbach durch einen Bombeneinschlag abgebrannt. Die Eltern von Franz mussten mühsam von vorne beginnen, das wirkte noch in die Anfangsjahre des jungen Paares nach. Doch die Spezialisierung auf Erdbeeren und Äpfel sowie die Vermarktungsfortschritte im Weinbau durch die Oberkircher Winzergenossenschaft ließen den Betrieb wachsen. Das Arbeiten mit den verschiedenen Früchten der Region durchzieht das Leben aller in der Familie, auch Tochter Gisela ist mit einem Winzer in der Nähe verheiratet und kommt gerne heim. Nicht zuletzt seit Elfriede mit Benedikt und Julian zwei weitere Enkel zeitweilig betreuen darf.

Elfriedes Garten hat keinen Zaun und geht beinahe nahtlos in den Weinberg über.

Badens Obstgarten

Auch heute noch ist das Jahr arbeitsreich und beginnt im Januar mit dem Reb- und Obstbaumschnitt. Während Franz und Martin mehrere Hektar Apfelplantagen schneiden, ist Elfriede in einem Rebberg nahe des Hofes. »Ein Hektar, des schaff ich allei.« Auch das weitere wichtige Einkommensstandbein, die für das Renchtal so typische Erdbeere, will im Frühjahr gepflegt und mit Stroh unterlegt werden. Schon seit über 60 Jahren begann man hier, »Erber« für den Verkauf über Händler anzubauen, meist am Hang, wo heute nur noch Reben oder Äpfel stehen. Der schlagkräftige Oberkircher Obstgroßmarkt sorgt dafür, dass das Renchtäler Beerenobst, aber auch Stein- und Kernobst in den Supermärkten der ganzen Republik zu finden sind. Elfriede erinnert sich an die Anfänge, wo die Zwetschgen mit Handchaisen angekarrt und von den angereisten Händlern ersteigert wurden. Das im unteren Abschnitt breite Renchtal ist Badens Obstgarten und seine Bauern Spezialisten. Auch bei Familie Panter werden Erdbeeren zur Ernteverfrühung unter Folie angebaut und Apfelanlagen im Spalier kommen zunehmend unter Hagelschutznetze, um Ausfälle zu minimieren. Das Restobst wird von Franz in der Brennerei destilliert. Allein in Oberkirch gibt es rund 900 Kleinbrenner. Elfriede kennt sich gut aus und ist wertvolles Glied im Getriebe des Familienbetriebes, der augenfällig von gegenseitiger Wertschätzung geprägt ist.

Wo Grimmelshausen wirkte

Direkt unterhalb des Panterhofes liegt die sehenswerte St. Georgs-Kapelle aus dem 16. Jahrhundert, wo bis heute einmal im Monat Gottesdienst und zwei Mal die Woche Rosenkranzgebete abgehalten werden. Sie gehört mit Schloss und dem historischen Gasthaus »Silberner Stern« zum Anwesen der Barone von Schauenburg. Die Schauenburg thront als Ruine über Gaisbach. Um 1650 wirkte hier zwölf Jahre lang Hans Jakob Christoffel von Grimmelshausen als Gutsverwalter und Gastwirt im »Silbernen Stern«. Grimmelshausen schrieb gegen Ende seines Lebens das mehrbändige Werk »Der abenteuerliche Simplicissimus Teutsch«, ein barocker Roman, der ein detailreiches Bild des Dreißigjährigen Krieges und seiner Grausamkeiten zeichnete.

Große Kübelpflanzen wie dieser Solanum haben im ehemaligen Stall ihr Winterquartier.

Leidenschaft für Zierpflanzen

Neben dem Garten ist Elfriede in der Katholischen Frauengemeinschaft und geht gerne auf Reisen. Kürzlich war sie mit Franz auf einer Agrarreise auf den Azoren. Üppig grün, farben- und blütenreich sei es dort gewesen. Für Zierpflanzen hat Elfriede im Laufe der Jahre eine richtige Leidenschaft entwickelt. »Mer sieht ebbis un wills au, ma kriegt e Pflänzli vun Bekonnte und konn selber ebbis geh«, sagt sie. Hinter ihrem Küchenfenster, zwischen dem schmucken »Brennhiesli« mit den grünen Läden, hat sie eine versteckte Terrasse und ein großes Blumenbeet am Hang zum Hühnerstall hin, das mit einem Steinweg erschlossen ist. Hier blühen üppig weiße und vor allem blaue Agapanthus, Bauernhortensien und Tabakblumen, dazwischen Figuren oder ein Windrädchen, was den Enkeln Freude macht. Was ihr noch gefehlt hat, ist ein plätschern-

Elfriedes Tomatenparadies.
Rechts: Von Rebzeilen umgeben liegt die Georgskapelle im Oberkircher Ortsteil Gaisbach.

der Brunnen. Den hat die Schwiegertochter jetzt zum 40. Geburtstag bekommen, aus rotem Buntsandstein mit einem Frosch als Wasserspeier. Er steht vor Elfriedes Küchenfenster und sie strahlt: »Do hem mer jetzt beidi ebbis devu.«

Für den Genuss dieser prachtvollen Pfirsiche gibt es bei Familie Panter viele Familienrezepte.

Gartentipp:

Petersilie das ganze Jahr | Elfriede Panter ist stolz auf ihre Petersilie, die sie immer wieder selbst vermehrt. Sie sät im Frühjahr aus. Im darauf folgenden Jahr bilden diese Pflanzen Blüten- und Samenstände aus. Sie erntet die Samen und trocknet sie auf der Fensterbank. Diese Samen werden im Frühjahr wieder ausgesät. Der Peterle steht den ganzen Winter über im Beet und kann in kleinen Mengen geerntet werden. Schnee isoliert und bei starkem Frost wird er mit einer Plastikplane geschützt.

Vorratshaltung in der Tonne | Eine große blaue Plastiktonne hat Franz Panter mit etwa 1 cm großen Löchern durchbohrt und in sandigen Boden eingegraben. Hier lagert Elfriede Panter Rahnen (Rote Bete), Gelbe Rüben, Sellerie, Kohl und Schwarze Rettiche bis ins Frühjahr hinein. Ein Blechdeckel und bei starkem Frost eine Wolldecke schützen.

Diese länglichen Roma-Tomaten lassen sich schön in Scheiben schneiden beim Vespern.

Rezepttipp:

Ketchup, selbst gemacht | 2 kg Tomaten, 4 Zwiebeln, 3 bis 4 Peperoni, je ein TL getrockneter Majoran, Basilikum, Cayennepfeffer, gemahlene Nelken, eine Prise Muskat, 1 EL Paprika edelsüß, 1 gehäufter TL Salz, 4 EL brauner Zucker, knapp 1/4 Liter Weinessig.

Tomaten, Peperoni, Zwiebeln würfeln und mit den restlichen Zutaten weich kochen. Durch ein Sieb streichen und nochmals kochen, bis es dicklich ist. Heiß in Flaschen oder Gläser füllen. Schmeckt prima zum Vesper oder als Saucengrundlage.

Pfirsichcreme | 250 g Mascarpone, 2 bis 3 EL Zucker, abgeriebene Schale einer halben Zitrone, Saft einer Zitrone, 1 Glas eingemachte Pfirsiche (ca. 400 g) oder frische Pfirsiche in Zuckerwasser weich gedünstet, Kakao, Krokant, gehackte Pistazien.

Mascarpone mit Zucker, Zitronenschale und -saft verrühren. Pfirsiche abtropfen lassen, eine Hälfte in Spalten schneiden und in Dessertschalen verteilen. Die Creme darüber verteilen und 30 Minuten kalt stellen. Die restlichen Pfirsiche fein würfeln und auf die Creme geben, in der Mitte frei lassen und mit Kakaopulver und Pistazien verzieren.

Paradiesbowle (8 bis 10 Personen) | 1 Dose Ananas, 2 Gläser eingemachte oder frische Pfirsiche, klein gewürfelt, 1 kleine Dose Mandarinen, 1 kleine Dose Sauerkirschen, entsteint, je nach Saison Johannisbeeren, Himbeeren, Erdbeeren, entsteinte Süßkirschen, Saft einer Zitrone, 1/2 Flasche Weißwein, 150 bis 200 g Zucker. Den Zucker im Weißwein bis kurz vor den Siedepunkt erhitzen und über die Früchte gießen, abkühlen lassen.

Vor dem Servieren mit 2 Flaschen gut gekühltem Weißwein und 1 Flasche Sekt auffüllen. Je nach Früchten kann auch roter Sekt verwendet werden. Anstatt Dosenobst kann natürlich auch eigenes, frisches Obst verwendet werden. Elfriede Panter sucht für diese Bowle immer besonders intensiv schmeckende, kleine Erdbeeren auf ihren Feldern. Da alle diese Bowle lieben, werden auch viele Früchte dafür schockgefrostet.

»D' Salatsoß isch gria bi uns«

Gertrud Schmid,
Jahrgang 1941,
4 Kinder, 2 Enkel,
Haslach-Bollenbach (Ortenaukreis).

Von Walburga Schillinger

Langsam tanzend steigt der graue Rauch aus dem Kamin des kleinen »Bachhieslis« auf. Es steht direkt an der schmalen Straße. Die Vögel fangen an zu singen und leise murmelnd fließt der kleine Bach das Tal hinaus der Kinzig zu. Sonst hört man nichts an diesem Sommermorgen, der ein schöner zu werden verspricht. Das enge Welschbollenbacher Tal mit den einzelnen Höfen rechts und links des Bachs scheint noch einen Moment in dieser Sonnenaufgangsstunde zu verharren, bis das Tagwerk beginnt. Bald wird Gertrud Schmid den Teig für das Brot kneten, es ist Mittwoch und Brotbacktag. Wie alle zwei Wochen wird auf dem Vorderhof im Holzofen Brot gebacken für den eigenen Bedarf, aber auch für Kunden, die das herzhafte Brot der Familie zu schätzen wissen. Gertrud ist die Seniorbäuerin auf dem Hof in Bollenbach im Kinzigtal und zusammen mit ihrem Sohn Jürgen steht sie heute Morgen in der »Bachkuchi«.

Die junge Gertrud beim Sonntagsspaziergang mit »Männe«, dem Dackelrüden.

Aller Anfang war schwer

Vor mehr als fünfzig Jahren hätte sie es sich nicht träumen lassen einmal Bäuerin zu werden, das war sozusagen nicht vorgesehen. Als Tochter vom Dorf sollte sie alles, nur keinen Bauern heiraten. Und auch bei der Familie ihres zukünftigen Mannes war sie als Nichtbauerstochter anfangs nicht sonderlich willkommen. Ihr Können und ihre Fähigkeiten wurden mehr als nur in Frage gestellt. Kurz gesagt, alle waren gegen diese Verbindung. Aber wie es halt so ist, »no macht mers erscht recht«, erzählt Gertrud und lächelt dabei. Ihre Eltern schickten sie daher erst einmal auf einen Hof nach Schapbach, um dort mitzuarbeiten und um abschätzen zu können, was alles auf sie zukommen würde. Natürlich hofften sie inständig, Gertrud würde vernünftig werden und die Verbindung mit Richard lösen. Nichts dergleichen geschah, ganz im Gegenteil. Je mehr alle Beteiligten dagegen arbeiteten, desto mehr stand ihr Entschluss fest. Sie wollte alle Zweifler Lügen strafen, ging in die Winterschule nach Haslach, eine Fachschule für Landwirte und Landfrauen, und schloss diese als Klassenbeste ab. Doch auch der Leiter der Schule weigerte sich zunächst, ihr den wohlverdienten Preis, ein Knauer-Lexikon, bei der Feierstunde auszuhändigen. Sie stamme ja nicht von einem Hof, war sein Einwand. Über so viel »Kleinstaaterei« kann Gertrud heute nur noch lachend den Kopf schütteln: »Hä jo, so wars.«

Bestimmt war es alles andere als einfach. Ihr Mann Richard hatte bei der Heirat 1964 den Hof zwar schon übernommen, aber beide traten ein schweres Erbe an. Richards Vater verunglückte beim Aufladen von Langholz, ließ seine Frau mit sieben kleinen Kindern zurück, Richard war noch keine zehn Jahre alt. Die Mutter heiratete nicht mehr und versuchte so gut es eben ging den Betrieb mit einem ledigen, auf dem Hof lebenden Bruder ihres Mannes durch die Wirren der Nachkriegszeit zu bringen. So war weder Zeit noch Geld da für Investitionen und Erneuerungen und der Hof dementsprechend in keinem guten Zustand. Nach der Hochzeit zog die Schwiegermutter mit den noch zu Hause lebenden Söhnen ins Leibding. Die Töchter waren schon ausgezogen oder standen kurz vor der Hochzeit. Der unverheiratete alte Onkel blieb weiterhin im Hofgebäude wohnen, arbeitete mit, wo immer er gebraucht wurde. Doch es war nicht gerade einfach mit ihm auszukommen wegen seinen »bsundere Medele«.

Herrlich blau blühende Wegwarte. Die wilde Verwandte unserer Endivie wächst gerne auf schweren, lehmigen Böden. Unten: In der renovierten »Bachkuchi« wird das kräftige Holzofenbrot gebacken.

Alles wandelt sich

Viele Jahrzehnte wurde der Hof als sogenannter Mischbetrieb geführt, wie im Schwarzwald lange Zeit üblich. Kühe wurden gehalten und die Milch meist abgeliefert. Zehn Mutterschweine sorgten für genügend Nachwuchs, den man verkaufte oder zur eigenen Versorgung heranzog. An den steilen Hängen wuchsen Getreide und Kartoffeln. Aus dem Wald wurden Bauholz und Brennholz geschlagen. Für die Bewirtschaftung des Hofes hatte man erst nur Pferde und Ochsen, zu Beginn der Sechzigerjahre jedoch schaffte man sich als große Arbeitserleichterung einen Unimog an. Dieses Vielerlei mussten die Schmids im Zuge des landwirtschaftlichen Strukturwandels nach und nach aufgeben. Spezialisierung war nun gefragt. Heute grasen an den Hängen Angus-Mutterkühe, eine ruhige Rasse. Der ganze Hof wird nach biologischen Richtlinien geführt, das Fleisch der Rinder direkt vermarktet.

Sohn Jürgen, ausgebildeter Landwirtschaftsmeister, brennt über den Winter verschiedene Schnapssorten, natürlich aus eigenem Obst. Das ist im Kinzigtal fast auf jedem Hof üblich, denn die Ortenau ist heute noch das Gebiet mit den meisten bäuerlichen Brennrechten im süddeutschen Raum. Diese regionale Besonderheit geht bis ins 18. Jahrhundert zurück, als die Bischöfe von Straßburg den Anbau von Obstbäumen, insbesondere von Kirschbäumen, förderten. So entwickelte sich diese besondere Form der Landschaft, die das Kinzigtal bis heute prägt. Aus dem Schnaps setzt Gertrud übrigens wunderbare Likörspezialitäten an, die sie zusammen mit anderen Hofprodukten verkauft. Ein weiteres wirtschaftliches Standbein sind die »Ferien auf dem Bauernhof«. Mit den drei Ferienwohnungen sind Gertrud und ihre Schwiegertochter dann allerdings vollends ausgelastet, schließlich wollen die beiden Enkelkinder auch noch betreut und versorgt werden.

Reihenmischkultur mit niedrigem Grünkohl, gelben Ringelblumen, Amarant und großblütigen Zinnien.

Ein Brand zerstörte Hab, Gut und Leben

Das schöne Hofgebäude stammt aus den 1870er-Jahren, damals zerstörte ein verheerendes Feuer den alten Hof bis auf die Grundmauern. Brandstiftung war die Ursache. Zu allem Unglück kamen dabei auch noch ein »Kindsmaidle« und ein Säugling ums Leben. Das Mädchen hatte die drei kleinen Kinder des Hauses gehütet, während die Bauersleute sowie Knechte und Mägde in Haslach auf dem Jahrmarkt waren. Da kam jede Hilfe zu spät. Die Schmids leben schon seit Jahrhunderten auf dem Vorderhof, so genau lässt sich das heute gar nicht mehr feststellen, da durch den Brand auch wichtige Dokumente unwiederbringlich verloren gingen. So weiß auch niemand mehr genau, wann und warum »das Käppele«, die kleine zum Hof gehörende Kapelle, erbaut wurde.

Hintergrundwissen: Kehlkraut

Im Kinzigtal und seinen zahlreichen Seitentälern hat sich eine regionale Gemüsespezialität entwickelt, das »Kehlkrut«. Es handelt sich dabei um eine Markstammkohl-Sorte, die früher in keinem Garten fehlen durfte. Die kräftigen, teilweise bis zu einem Meter hohen Pflanzen treiben sehr viele Blätter, locker um den Stamm verteilt. Der Geschmack ist nicht so kräftig wie bei Grünkohl. Die Blätter wurden früher von unten her nach und nach abgeblattet und abgebrüht an die Schweine verfüttert. Die zarteren Kopfblätter jedoch verwendete man für das »Bändelekrut«, eine Spezialität aus dem Kinzigtal. Das Kehlkraut in Reinform wird mittlerweile nur noch von einer betagten Gärtnerin angebaut und ist akut vom Aussterben bedroht.

Gartenmauer und Staketenzaun sind malerisch überwachsen mit Moosen und Flechten, dazwischen schiebt sich eine Kapuzinerkresse.

Einfach probieren

Zur Selbstversorgung des Hofes gehörte immer auch ein großer Gemüsegarten. Leider hat Gertruds Schwiegertochter ihre Liebe zum Garten noch nicht entdeckt und so bewirtschaftet Gertrud den Garten bisher alleine. Früher beanspruchte Gertruds Schwiegermutter ein Viertel der Gartenfläche, das ließ aber bald altershalber nach. Außerdem konnte sie ihre Schwiegermutter schnell überzeugen, dass sie eine fleißige und umsichtige Jungbäuerin war. So hat die Altbäuerin lieber die vier Kinder gehütet und das Gärtnern und Kochen ganz der Schwiegertochter überlassen. Vielleicht aber war sie auch einfach nur froh, nach all den schwierigen Jahren die Verantwortung für Haus und Hof in guten Händen zu wissen. Es stellte sich dann auch mit den Jahren ein gutes Verhältnis zwischen den Frauen ein.

Doch eine Frage treibt Getrud bis heute um: »Wiederhole sich manche Sache?« Die Schwiegermutter hatte einst ihren Mann und einen Sohn verloren, so wie Gertrud mittlerweile auch. Deshalb ist der Garten nicht nur Arbeit, sondern Balsam für die Seele. »Am beschte isch es, wen mers eifach probiert«, sagt Gertrud heute über ihre Gartentätigkeit. Von zuhause hatte sie zwar Grundkenntnisse mitbekommen, war aber für die Mutter oft nur »d' Ukrutzupfere« gewesen. Bücher und Fachartikel halfen beim Einarbeiten. Heute versorgt die kleine, schlanke Frau mit ihrem Garten die fünfköpfige Familie und verarbeitet einen Großteil der Kräuter, Beeren und Gemüse auch noch für ihr »Lädele« und den Markt.

Majestätisch anmutende Stockrosen findet man als Sinnbild der Bauerngartenkultur in fast jedem Garten.

Es gibt immer was zu ernten

Das Kinzigtal öffnet sich in westlicher Richtung zum Rheintal hin und ist deshalb klimatisch besonders begünstigt. Das Dörfchen Bollenbach liegt zudem nur auf milden 250 Metern Höhe, weshalb Gertrud die meisten Kulturen direkt ins Beet säen kann. Andere Gemüsepflanzen wie Tomaten, Paprika, Auberginen, Gurken oder Kopfsalat kauft sie in der nahen Gärtnerei als Setzlinge. Hier in Bollenbach beginnt die Gartensaison recht früh und endet in günstigen Wintern nicht wirklich. Zu ernten gibt es immer etwas, davon zeugen die drei kleinen »Küchenmesserle« am Eingangspfosten.

Der vier Ar große Garten liegt gleich neben dem »Bachhiesle« und wird von einer Lesesteinmauer und einem mit Flechten und Moosen bewachsenen Staketenzaun eingefasst. Eine rankende Kapuzinerkresse schiebt

Der Rollkrümler, das bewährte Arbeitsgerät von Gertruds Mutter, tut auch noch nach Jahrzehnten einen guten Dienst.

Der Vorderhof, erbaut im Kinzigtäler Stil, bildet mit dem Gemüsegarten eine einladende Einheit.

ihre fröhlich leuchtenden Blüten durch den Zaun bis auf die Straße. Innerhalb dieses Areals tummeln sich dann Gemüse, Kräuter, Blumen und am Rand auch Johannisbeer- und Stachelbeersträucher sowie Him-, Heidel- und Brombeeren. Die quadratische Anbaufläche wird durch ein Wegekreuz in vier Segmente unterteilt. Umschlossen ist das Ganze von einem Außenweg, der von einer breiten Blumenrabatte begleitet den Platz zum »Hag« abtrennt. »Hag«, so nennt man im Alemannischen einen Zaun. Die Pflanzflächen sind mit geschälten Fichtenstangen eingesäumt, die werden je nach Bedarf immer mal wieder erneuert. Das übernimmt dann einer von Gertruds Söhnen. Die Wege werden jedes Jahr mit Holzhäcksel bestreut, das unterdrückt Unkraut und man gelangt immer »trockenen Fußes« zum Ernten.

Der Gemüsebau nach der Vierfelderwirtschaft bewirkt durch den kontinuierlichen Wechsel der Kulturen einen optimalen Fruchtaufwuchs. Die Bepflanzung in Reihenmischkultur unterstützt dazu noch ein gesundes Wachstum der Gemüsepflanzen. Eine gute Kombination ist es etwa, je eine Reihe Buschbohnen, Kohlrabi, Wirsing oder Blumenkohl zu pflanzen. Dazwischen kommt dann Knollensellerie. Sind die Kohlpflanzen geerntet, hat der Sellerie Platz sich auszubreiten. Gertrud baut auch besonders viele Kohlsorten an, so den »Gruselikehl« (Grünkohl) oder das »Kehlkrut« (ein regionaler Markstammkohl), da ist es wichtig, eine mindestens fünfjährige Kulturabstinenz einzuhalten. Das verhindert Kohlhernie, den Befall mit Kohlweißlingen und Kümmerwuchs.

In diesem begünstigten Klima gibt es wie gesagt fast das ganze Jahr über frisches Gemüse zu ernten, den mittäglichen Salat eingeschlossen. Gerne macht ihn Gertrud mit frischen Kräutern und Blüten an; die gibt es ja zuhauf in ihrem Garten.

Wie bunte Perlen beleben Bauerngärten die Grünlandstruktur im Welschbollenbacher Tal.

Brennnesseln und der Mond helfen beim Gärtnern

Es sind oft kleine Dinge, konsequent angewandt, die zum Erfolg verhelfen. Jede Gärtnerin hat da ihre eigenen Tipps und Ideen, wie Gartenbau gelingen kann. Gertrud natürlich auch. Die allererste Arbeit im Frühjahr ist das Ansetzen der Brennnesseljauche. Die Brühe ist ein wahrer Wunderquell für Gemüse, Blumen und den Boden gleichermaßen. So verabreicht Gertrud allen starkzehrenden Gemüsepflanzen wie Paprika, Tomaten und Kohl jede Woche eine »Kraftspritze«. Die Jauche wird dazu im Verhältnis 1 zu 3 mit Wasser verdünnt und direkt an die Wurzeln gegossen. Bevor übrigens Salat oder Fenchel gesetzt werden, bekommen auch die Beete eine ordentliche Vorab-Düngung mit dem Nährstoffsud. Die Brennnessel ist durch ihren hohen Anteil an Stickstoff und Spurenelementen der beste Dünger überhaupt, da ist sich die versierte Gärtnerin sicher. »Dia hen zerscht gar nit welle, dia hen grext«, erzählt Gertrud über die kümmerlichen Gurkenpflanzen, die vor der Jauchegabe gar nicht recht wachsen wollten. Auch in die Tomatenkübel legt sie einige zusammengeknäulte Brennnesselstängel, bevor diese mit reinem Kompost aufgefüllt werden.

Buschbohnen und Kohlpflanzen, abwechselnd gepflanzt, ergeben eine sinnvolle Beetkombination.

Langjährige Erfahrung hat Gertrud auch mit dem Mond gemacht. So werden alle krautigen Setzlinge einschließlich Salat an sogenannten Blatttagen eingepflanzt; das gibt schöne Köpfe und im Sommer schießt der Salat dann erst zur richtigen Zeit. Blumenkohl ist in dieser Reihe allerdings die Ausnahme, er sollte an Blütentagen gesetzt und gepflegt werden. »Sunsch gits niend«, erklärt sie lächelnd. Alle Erfahrungen, die sie im Garten gemacht hat, schreibt sie sich auf. Im Jahr darauf hat man ja oft viel davon schon wieder vergessen, da hilft dann das »Heftle«. »Mer lehrt jo au nia us«, sagt Gertrud weise.

Tomaten stehen in großen Kübeln geschützt direkt an der Hauswand. Ein Naschparadies für Enkel und Gästekinder.

Besonderer Kompostkreislauf

Seit vielen Jahren schon wird auf dem Vorderhof eine spezielle Kompostierung betrieben. Im Laufe des Gartenjahres werden alle Pflanzenabfälle in Mieten gesammelt. Ganz gleich ob Gemüsereste, überzählige Setzlinge oder gejätetes Unkraut, am besten allerdings ohne Samen. Kranke Pflanzen sind tabu. Im Herbst kommen dann noch abgeschnittene Stauden oder kleineres Geäst dazu, das gehäckselt und mit den übrigen Gartenresten vermischt wird. Ab September fällt immer wieder Schnittgut an, bis zum Spätherbst wird mindestens vier Mal gehäckselt. Das ergibt dann so viel Material, dass die vier Kompostmieten immer gut gefüllt sind und vieles davon gleich zwischen den Stauden verteilt oder am Rand der Beete zwischengelagert werden muss. Die abgeernteten Beete werden noch vor dem Winter umgestochen.

Im nächsten Frühjahr schon kann das grob verrottete Gemisch verteilt und in die Pflanzflächen eingearbeitet werden. Dazu verwendet die Gärtnerin ein besonderes Gartengerät, das sie von ihrer Mutter geerbt hat, den »Rollkrümler«. Mit kräftigen Bewegungen übers Beet gezogen, entstehen fein krümelige Saatbeete. Der Rollkrümler wird schon seit Jahren nicht mehr hergestellt, doch für viele Gärtner wäre er eine kolossale Erleichterung bei der täglichen Arbeit, meint Gertrud und trauert diesem Umstand richtig nach.

Mithilfe gut durchdachter Mischkombinationen schützen sich Gemüse und Blumen gegenseitig. Ab und zu darf aber auch der Zufall nachhelfen.

Selbstgemachtes für den Markt und fürs »Lädele«

Als engagierte Bäuerin ist Gertrud natürlich auch bei den Landfrauen aktiv. Vor fast zwanzig Jahren war sie zusammen mit anderen an der Gründung des Landfrauen-Marktes in Haslach beteiligt. »Mir ware dia Erschte«, erzählt sie stolz. Im mittleren Kinzigtal wurde seinerzeit noch sehr viel Obst und Gemüse auf den Höfen selbst produziert. So waren auf dem Haslacher Markt schnell zwölf bis dreizehn Stände besetzt. Mittlerweile gibt es in fast jedem Ort einen Bauern- oder Landfrauen-Markt wie in Haslach. Dort sind heute Anbieterinnen mit Gemüse, Obst, Schnaps und Brot sowie Stände mit traditioneller Handwerkskunst vertreten. Übers Jahr verteilt bieten sie an vier Markttagen ihre eigenen Hofprodukte an.

Ihr kleines »Lädele« hat sie sich im ehemaligen Pferdestall des Hofes eingerichtet. Durch den Bau des neuen Rinder-Laufstalls konnte sie zudem die alten Stallungen für die Lagerung und Herstellung ihrer Produkte nutzen. Viele Rezepte hat Gertrud seit dieser Zeit ausprobiert, weiterentwickelt, verfeinert und dabei sind besondere Spezialitäten entstanden: der »Herzwein«, ein Holunderlikör, oder das wohlschmeckende »Original Basilikum Pesto«. Die Angebotspalette ist groß, darunter auch vierzehn verschiedene Marmeladen und Gelees. Die Selbstvermarktung macht ihr zwar viel Arbeit, aber ungeheuren Spaß,

Großblütige Zinnien in Orange und Pink ergeben schöne Farbtupfer im Gemüsebeet.

denn die Kundschaft schätzt Gertruds Ideen. Drum gefällt es ihr auch nicht, wenn andere ihre Rezepte einfach nachmachen. »Dia kenne des jo au selber usprobiere, so wia ich au.«

Ein geruhsames Altenteil wird es für die vielbeschäftigte Frau wohl noch eine Weile nicht geben. Jedenfalls nicht, solange sie noch oft für die ganze Familie kocht, die Enkelkinder klein sind und der Garten bewirtschaftet werden will.

Basilikum wird frisch für Gertruds »Original Pesto« geschnitten. Das wärmeliebende Kraut wächst sehr gut in Gertruds Garten.

Gartentipp:

Paprika oder Gurkenanbau | Beide Kultursorten sind Starkzehrer, sie benötigen also über die gesamte Vegetationszeit hinweg eine größtmögliche Versorgung mit Nährstoffen. Das beginnt schon mit einer »guten Kinderstube«. Dazu sollte man am vorgesehenen Standort spatentiefe Pflanzlöcher ausheben, am besten gleich eine ganze Reihe. Die Pflanzgrube dann mit halbverrottetem Kompost oder altem Mist auffüllen, sodass ein kleiner Wall entsteht. Danach die ausgehobene Erde wieder schön ringsum anhäufeln (Pflanzwall-Höhe etwa 25 bis 30 cm). Die Paprika- oder Gurkenpflänzchen dann oben auf dem Wall setzen. Vorteile: Die Verrottungswärme von Mist und Kompost wirkt wie ein Heizkissen für die Setzlinge, sie sind optimal mit Nährstoffen versorgt und trocknen nach Regen schnell ab.

Brennnesseljauche ansetzen | Einen großen Eimer oder eine Tonne an einen sonnigen Platz stellen. Junge Brennnesseln abschneiden und locker einschichten, danach mit so viel Wasser aufgießen, dass das Kraut bedeckt ist. Mit einem Tuch abdecken und dieses festbinden, sodass nichts reinfallen kann. Jeden Tag kräftig umrühren. Je nachdem wie warm es ist, fängt die Masse nach etwa drei Tagen an zu gären. Dieser Gärungsprozess ist leider mit üblen Gerüchen verbunden. Unangenehm, aber notwendig! Zur Geruchsminderung kann man etwas Gesteinsmehl auf die Brühe streuen. Nach gut drei Wochen ist der Nährstoffsud gebrauchsfertig.

Den aromatischen Kräuteressig bietet Gertrud in kleinen Flaschen in ihrem »Lädele« an.

Rezepttipp:

Gertruds Kräuteressig | 1 l milder Weinessig, je ein Zweig Rosmarin, Thymian, Salbei, Zitronenmelisse, Dill, Estragon, 1 geschälte Knoblauchzehe und nach Geschmack einige Blüten von Kapuzinerkresse und Borretsch, einige bunte Pfefferkörner und ein halber Teelöffel Senfkörner. Saubere, trockene Kräuter und Zutaten in sterile Flaschen füllen und mit Essig aufgießen. An einem warmen und hellen Platz aufstellen, nach etwa zwei Wochen ist der Essig gebrauchsfertig. Schmeckt besonders gut zu Blatt- und Rohkostsalaten.

Bändelekrut, Spezialität aus dem Kinzigtal (für 2 Personen) | 250 g Kehlkraut waschen, Stängel entfernen und in dünne Streifen (Bändele) schneiden, in Salzwasser etwa 20 Minuten kochen lassen, dann abschütten. In Schmalz eine kleine Zwiebel glasig dünsten, mit Mehl bestäuben, das Kraut dazugeben, mit Brühe ablöschen und etwas köcheln lassen. Anschließend mit Salz und Pfeffer abschmecken. Gerne wird auch ein Stück grüner Speck (fetter Speck) mitgekocht. Dazu schmecken Erdäpfelschnitz (Salzkartoffeln).

»Überall wachst ebbis dezwische«

Von Barbara Sester

**Elsa Kehnel,
Jahrgang 1936,
10 Kinder, 31 Enkel,
Herbolzheim-Broggingen
(Landkreis Emmendingen).**

Der grüne Salat auf dem Mittagstisch ist mit blauen Borretschblüten und Gänseblümchen dekoriert. Das macht Elsa Kehnel immer und ihr Mann Heinz findet es schön – und essbar. Jetzt im Alter sitzen die beiden öfter mal alleine am Tisch. Doch die Länge des schönen Tisches aus Eichenholz zeugt davon, dass hier gerne viele Leute Platz nehmen. Am häufigsten Tochter Christine und Schwiegersohn Klaus und zwei Enkel. Das Fachwerkhaus von 1805 ist ein Schmuckkästchen und wurde 1993 mit sehr viel Liebe zum Detail nach und nach umgebaut. Das war die Zeit, in der besonders viele Häuser zweckmäßigen, gesichtslosen Bauten weichen mussten. Doch die Kehnels hatten damals schon viel Sinn für Bewährtes aus den Jahrhunderten – lange vor der heutigen Renaissance der »Landlust«. Sohn Hansjörg, als Zimmermann und Architekt vom Fach, hat Strohlehmwände erhalten oder die Fenster im alten Stil nachgebaut. Im Wohnstüble gibt es einen Kachelofen, Blümchentapete und eine

Das schmucke Fachwerkhäuschen der Kehnels wurde mit viel Liebe renoviert und umgebaut.

Elsa (links) liebt die Weinlese. Auf diesem Bild von etwa 1978 mit Helfern aus dem Freundes- und Verwandtenkreis.

Chaiselongue, Bildergalerien der Vorgenerationen zeugen vom gelebten Familiensinn.

Klassisch für die Dörfer des Breisgaus am Rand des Rheingrabens zum Schwarzwald hin öffnet sich hinter dem Hoftor ein teils überdachter Innenhof, wo heute noch viele Werkzeuge und Gefäße an die Arbeit des Winzers erinnern. Eine alte Waage in einer Wandvertiefung, bedruckte Mehl- und Kornsäcke oder ein altes Fass sind ebenso Zierde des Hofes wie der sommerliche Blumenschmuck.

Elsas Sammelleidenschaft hat sich herumgesprochen. Wenn jemand nicht weiß, wohin mit einem alten Utensil, bringen sie es zu ihr. Einen Garten gibt es direkt beim Haus nicht. »Der isch äne an de Schtrooß«, sagt Elsa und läuft über die Dorfstraße zum gegenüberliegenden und ebenfalls zur Familie gehörenden Haus. Es wurde gebaut, als die Kinderschar zu groß für das Fachwerkhaus wurde, in dem lange Zeit auch noch die Schwiegermutter lebte. Elsa und Heinz haben zehn Kinder, acht Töchter und zwei Söhne, darunter ein Zwillingspaar.

An zwei Seiten umgibt Elsas Garten das Hühnergehege, eine bewährte Methode zur Schneckenreduzierung. Rechts: Das alte Türle hat bereits Patina angesetzt.

Anzucht an der warmen Mauer

Vorbei an einem Apfelbaum und einem Schuppen gelangt man zu dem etwa vier Ar großen Gartengrundstück, das oben von der warmen Mauer des Hühnerstalls begrenzt wird. »De Heanerschtall war frieher 's Gwächshiesli«, berichtet Elsa, doch das braucht sie hier gar nicht. Schließlich ist das Klima im nur 200 Meter über null liegenden Ort sehr mild. Was früh austreiben soll, pflanzt sie einfach an die warme Mauer. Im Sommer stehen hier dann die Tomaten. Am rechteckigen Garten fallen vor allem die vielen Reihen Spinat auf. Zwischen dem Spinat Buschbohnen, Salatköpfe in unterschiedlichen Formen und Größen, Tomaten, Erdbeeren, Karotten, Kräuter. An einem gebogenen Baustahlgitter Stangenbohnen der Sorte »Berner Landfrau«. »Alles e wing durenander«, sagt Elsa zu ihrer an die Mischkultur von Gertrud Franck angelehnte Gartenpraxis. Auch Blumen dürfen in den Reihen wachsen. Dahlien, Vergissmeinnicht und überall Elsas Lieblingsblume, die Ringelblume. »Die kunnt iiberall vun ellei, des g'fallt mir so guet.« Unterhalb des Gartens ist eine Obstwiese mit drei Reihen Apfelbäumen, Zwetschgenbäumen und Kirschen. Hier dürfen die Hühner Gras picken. Dazu laufen sie einen schmalen Weg an der Stirnseite des Gartens hinunter und schielen dabei sicherlich auf das frische Salatgrün im Garten. Auch ein Feigenbaum und »Mellili«, eine wurzelechte, feine Marille, wachsen im Umfeld des Gartens. Und natürlich Beeren aller Art. Früher hatte Elsa sogar so viele Himbeeren, dass sie welche an die Bäckereien verkaufen konnte.

Gründonnerstags-Gemüse

Griendunschdig isch bis in d'saechziger Johre / in unserer Gmein hoch g'halte wohre. / An daem Tag isch dazumal / gfirt wore s'erscht Abendmahl. / Zuem Zmittagesse het's do gaeh grien Krüt, / des isch guet gsi fir alti un jungi Lit, / dr letscht Werschig üsem Garte, / Spinat losst no weng uf sich warte. / Üs dr Raewe, vu dr Rain, Hasekehl drzue, / jungi Zaengnessili, des git's scho gnue, / vu dr Osterblueme d'erschte Sprosse / wird drzue au gaern gnosse / un Schofgarwe, ganz jung isch guet, / der verdinnt eim widder s'Bluet. / Vu sürem Ampfer noch ä paar Bletter drunter, / des schmeckt guet un macht eim munter. / Bärlauch g'hert au noch drzue, / des wachst um die Zitt schu gnue. / Un vielleicht zuem Schluss noch schnaell / ä ganz kleins Strißli Biwernell. / Drno waescht mr alles bis es süfer isch, / kocht's wiä Spinat un stellt's uf dr Disch, / Haerdepfel un ä Ei drzue, / do bikumme alli gnue. / Diä Kritli sin ä bsunderi Gunscht, / si wachse s'ganz Johr umesunscht.

(Gedicht von Elsa Kehnel aus dem Heimatbuch von Rainer Vorrath »Was blit noch ...?«)

Das Hoftor wird von alten Sandsteinsäulen gehalten, die besonders schön gearbeitet und mit Sonnenblumen verziert sind.

Etwa drei Wochen vor der Ansaat im Frühjahr übergießt sie das ganze Gelände mit einem Ansatz aus Melasse und »EM« (Effektive Mikroorganismen). Die Methode geht auf den japanischen Gartenbauprofessor Teruo Higa zurück, der bestimmten Bakterien und Pilzen eine wachstumsfördernde Wirkung nachsagt. Elsa hat »EM« auf einer Gartenfahrt mit der Bauernzeitung in die Schweiz näher kennen gelernt. Von anderen Gartenfrauen und Büchern eignet sie sich immer mehr Gartenwissen an. Oder von ihren Töchtern. Selma ist Krankenschwester und Kräuterfachfrau, mit ihr geht Elsa gerne »ins Großvaters Garde«, den Wald, und sammelt Pilze, Beeren und Wildkräuter. Als Erstes im Frühjahr Bärlauch. Tochter Christine von nebenan hatte bereits in Kanada, wo sie sieben Jahre lebte, einen Garten und hilft heute der Mutter. »Des freit mich«, sagt Elsa. Zeit für Garten und Natur.

Vieles ist praktisch im Bauerngarten: Am geneigten Bauzaun ranken die Bohnen empor; da fällt das Ernten leicht.

Die warmherzige Frau mit dem klassischen Dutt und den vielen Lachfalten trägt gerne Landhausmode und ist gut vernetzt im Dorf und im Landfrauenverein. Den hat sie mitgegründet und war 18 Jahre lang Vorsitzende. In dieser Zeit entdeckte Elsa eine bis dahin schlummernde Begabung, das Dichten. Bei Vereinsjubiläen, Vorträgen oder bei den Gartenfahrten ist sie dafür bekannt, unglaublich schnell und pointenreich zu reimen. Bei den Landfrauen ist sie heute nur noch einfaches Mitglied und hat Zeit, um in aller Ruhe in den Garten zu gehen und ihr Gemüse und Obst zu verwerten. Kräutersalz wird in vielen Geschmacksnuancen hergestellt und Liköre angesetzt. Von dem mit Weißdornessenz trinken sie und ihr Mann täglich zur Stärkung des Herzens einen Schluck. Früher war an all das nicht zu denken. In der Landwirtschaft zählen Wein- und Obstbau

Viele alte Sammlerstücke finden im Innenhof ein schönes Plätzchen.

auch heute noch zu den arbeitsintensiven Kulturen. Außerdem stand damals auch noch Vieh im Stall, für das täglich gesorgt und im Sommer Heu geerntet werden musste. Die Kehnels zählten in ihrer Region zu den Pionieren im Bioweinbau. Es blieb kaum Zeit für anderes, auch die Kinder mussten früh mithelfen. Das stellt Elsa heute mit etwas Bedauern fest. Zusammen mit Heinz und den Erntehelfern hat ihr die Arbeit aber immer viel Spaß gemacht. Besonders gerne erinnert sie sich an die Zeit der Weinlese. Die an Farben und Düften reiche Herbstzeit. Was kann es da Schöneres geben, als draußen in der Natur zu sein und die Gaben Gottes zu ernten?

Elsa ist in Broggingen aufgewachsen und besuchte nach der Volksschule noch die Winterschule und Kurse an der Bauernschule. Sie kommt aus einer Küferfamilie, wo zusätzlich zur Küferei mit Lehrlingen und Gesellen noch Landwirtschaft betrieben wurde. Elsas Mutter hatte einen Garten und hat »jedes Krittli kennt«, zum Beispiel das Muttergotteskraut Ysop. Elsa und Heinz kannten sich schon aus Kindertagen, man traf sich beim Milchabliefern. Sie heirateten 1958 und im Jahr darauf wurde Tochter Friederike geboren, die heute Diakonisse ist. Der Garten der Familie war lange das Reich der Schwiegermutter und Elsa machte es ihr nicht streitig. Sie hatte mit Haushalt, Kindern und Hof mehr als genug zu tun. Für die Kinder strickte sie Pullover, Jäckchen und Kostümchen.

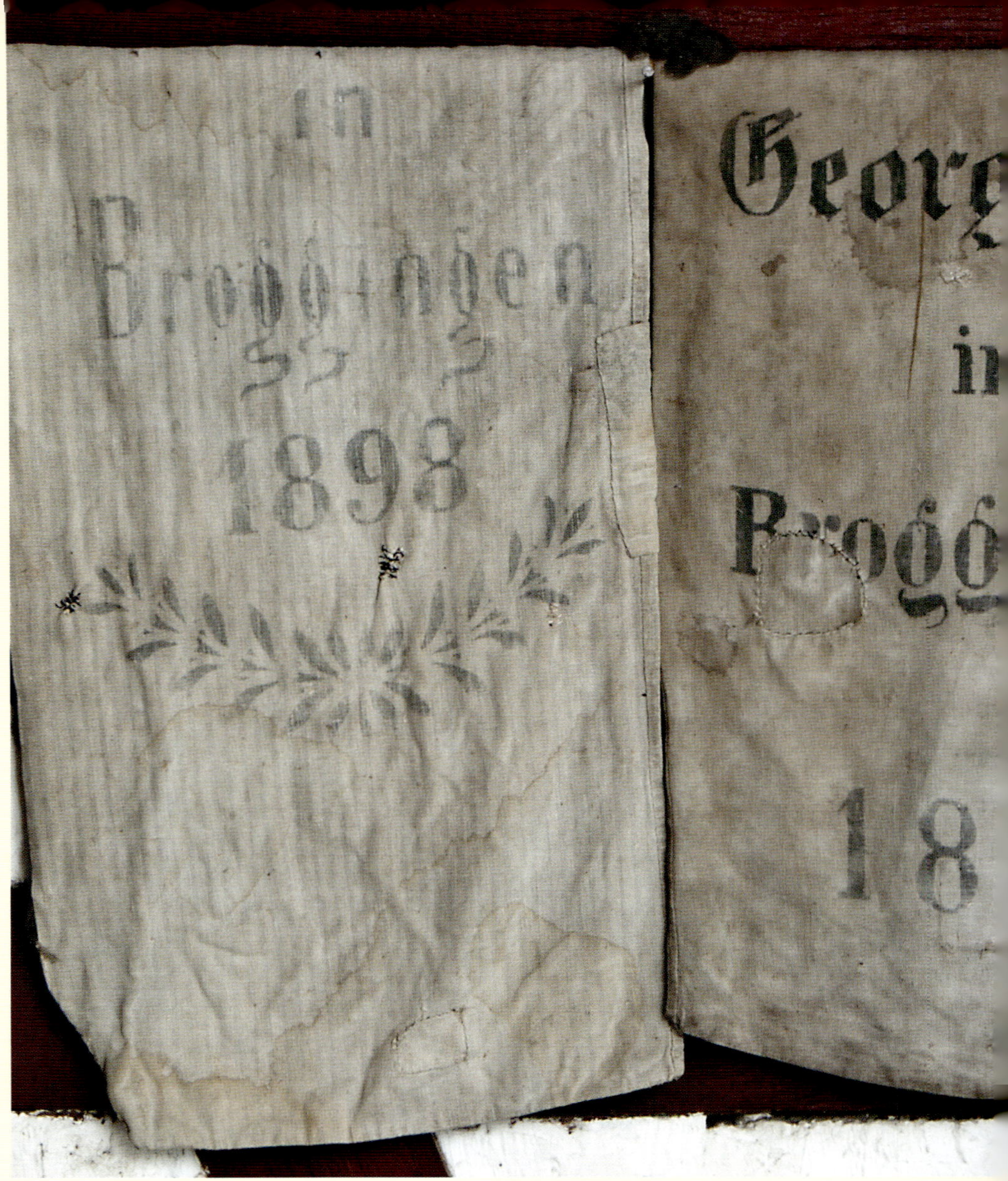

Früher waren die Getreidesäcke mit dem Familien- und Ortsnamen bedruckt.

Eindrucksvolles Familienfoto

Um die Großfamilie zu ernähren, gab es am Ortsrand einen Kraut- und einen Kartoffelacker. Auch zwischen die Runkelrübenreihen auf dem Acker setzte man Salat oder Rettiche, die man nach dem Unkrauthacken mit nach Hause nehmen konnte. Bis heute findet Elsa, dass das Kraut dort besser gewachsen ist als im Garten. »Irgendwie meint mer, 's het do me Platz, d' Kepf were greßer.«

Heute gibt es außerhalb des Gartens noch eine Reihe Kartoffeln. Es sind nicht mehr so viele Esser da. Elsas Kinder sind relativ weit verstreut, aber nach Stationen in Afrika oder Kanada alle wieder in Deutschland. Alle sind beruflich erfolgreich und gesund.
Da ist Elsa unendlich dankbar. Und sie kommen gerne heim. Mit den inzwischen 31 Enkelinnen und Enkeln reicht das Stüble schon lange nicht mehr. Zu Heinz' 80. Geburtstag machte die ganze Familie eine Bootstour auf dem Altrhein mit anschließendem Fest im Hof, was auf einem eindrucksvollen Familienfoto dokumentiert ist. Die landwirtschaftlichen Flächen sind heute weitgehend verpachtet. Aber nicht nur in den Beeren- und Obstgärten finden Elsa und Heinz noch genügend Betätigungsfelder.

Frei nach Gertrud Franck sieht man in Elsas Garten überall Spinatreihen.

Die Handhacke ist meist dabei, wenn Elsa im Garten unterwegs ist.

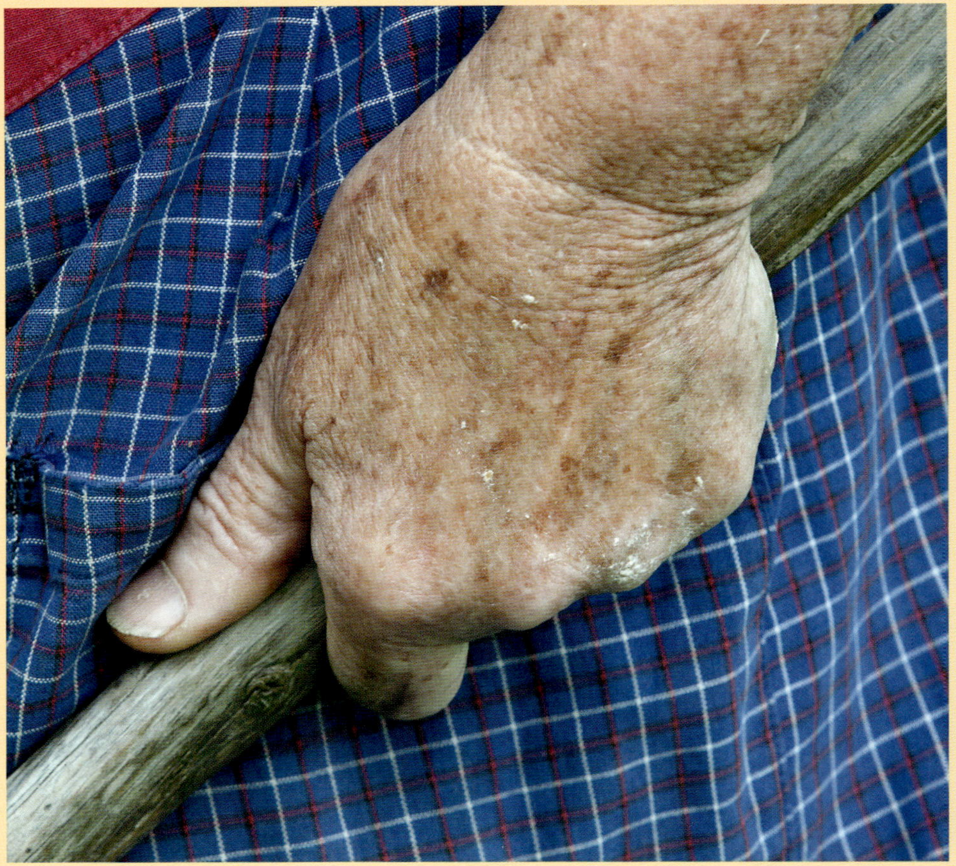

Gartentipp:

Mischkultur nach Gertrud Franck | Elsa Kehnel ist seit vielen Jahren begeistert von der Mischkultur. Das angelesene Wissen hat sie über die Jahre mit eigenen Erfahrungen bereichert. Der Begriff Mischkultur wurde von der 1905 geborenen Leiterin des Hofes Oberlimpurg in Hohenlohe, Gertrud Franck, geprägt. Ihre Erfahrungen in der Gartenarbeit zeigten ihr, dass sich Pflanzen gegenseitig fördern, schützen oder schaden. Es gibt positive und negative Pflanzennachbarschaften. Nach Gertrud Franck wird der Garten in schmalen Reihen bewirtschaftet, in denen sich Haupt-, Zwischen-, Vor- und Nachkultur abwechseln. Ein weiteres wesentliches Merkmal dieser Mischkultur ist die Bedeckung freier Bodenflächen mit Mulch aus Pflanzenschnittgut oder auch Beinwell. Vorbild dafür ist die Natur: Auch hier gibt es bei genügend Wasser keine kahlen Bodenflächen. Zur Bodenverbesserung nimmt Elsa Kehnel auch viel Spinat. Zwischen den einzelnen Gemüsesorten sät sie immer wieder Spinat ein. In einem Mischkulturengarten nach Gertrud Franck gibt es auch keine Wege. So wachsen beispielsweise Erdbeeren, Zwiebeln, Ringelblumen, Salat, Gurken, Basilikum und Möhren nebeneinander in Reihen auf. Der Boden wird nicht umgegraben, er ist trotzdem locker und zeichnet sich durch ein reiches Bodenleben aus.

Rezepttipp:

Engelwurz-Schnaps | Etwa fünf bis zehn Wurzeln Waldengelwurz *(Angelica sylvestris)* im Spätsommer ausgraben und gut reinigen. Die Wurzeln an verschiedenen Stellen mit einem scharfen Messer einritzen, damit der Alkohol die Inhaltsstoffe gut lösen kann. Mit einem Liter Obstler (40 %) übergießen und gut verschlossen in die Sonne stellen. Nach etwa sechs Wochen ist der Schnaps gut durchgezogen und hilft als Magenbitter »eigentlich für alles«.

Kräutersalz | Je nach Geschmacksrichtung Kräuter, gemischt oder sortenrein, klein schneiden und mit dem Salz etwa im Verhältnis 1 zu 2 (Kräuter zu Salz) mit dem Zauberstab mischen. Auf einem Backblech bei 50 bis 60 Grad und offener Backofentür langsam trocknen, danach in Gläser füllen. Auf einem warmen Kachelofen lässt sich das Salz übrigens perfekt trocknen. Auch Peperoni, Lauch, Liebstöckel oder Sellerie eignen sich gut für Würzsalze. Schön verpackt ist das immer ein schönes Mitbringsel.

Was fast anmutet wie asiatischer Ginseng, ist Engelwurz, im Wald gesammelt und angesetzt.

»Wießkrut gits net oder wenns günschtig isch, wagsz au anderschtrum!«

Karoline Bader, Jahrgang 1921, 2 Kinder, 5 Enkel, 4 Urenkel, Schramberg-Tennenbronn (Landkreis Rottweil) mit ihrer Tochter Erika Murr, Jahrgang 1951.

Von Walburga Schillinger

Vor dem Haus, direkt an der wärmenden Hauswand, sitzt Karoline Bader, ein Tuch auf dem Schoß und einen halbfertigen Zwiebelzopf in Arbeit. Neben ihr ein großer Korb mit frisch geernteten Zwiebeln. Die gesamte Ernte wird von ihr geduldig und mit viel Geschick zu stattlichen Zöpfen geflochten. »Dia ka mer so guet ufhebe«, sagt sie und zwinkert freundlich mit den Augen. Sie ist unermüdlich im Garten unterwegs, sät, setzt und erntet und das mit 92 Jahren. »Ich brings bis in dia Kuchi«, erklärt sie weiter. Das Verarbeiten, Einmachen und Kochen übernimmt dann ihre Tochter. Karoline, die Nachbarn sagen liebevoll Bader Oma, wohnt zusammen mit Tochter Erika, Schwiegersohn Lothar und Enkel Andreas ganz oben im Schwarzenbach, einem stillen waldigen Seitental bei Tennenbronn. Unterhalb von der Benzebene, einer sagenumwobenen Erhebung ganz in der Nähe vom Windkapf, an der alten Poststraße von Paris nach Wien. Früher, so erzählt sie, als die Ebene noch unbewaldet war, hat man von hier oben bei guter Fernsicht das Straßburger Münster gesehen.

Nahe am Waldrand, umgeben von steilen Hängen, still und beschaulich, da ist Karolines Heimat.

Ein Fahrrad fürs Hüten

Aufgewachsen in der entbehrungsreichen Zeit vor dem Zweiten Weltkrieg im nahe gelegenen Reichenbach, kam sie schon mit zwölf Jahren als »Hirtemaidli« zu fremden Bauern in Dienst. Sie war das älteste von vier Kindern, musste als Einziges so früh von zu Hause weg. »Dia Muedder hät für mich au no ebbis zum Esse ghet«, kommentiert sie diese Tatsache traurig und als etwas, das sie ihrer Mutter bis heute nicht verzeihen kann. Als Lohn wurde ihr fürs Hüten ein Fahrrad geschenkt. Der Vater ging taglöhnern, die Mutter hat die Schule geputzt, so ging es immer ärmlich zu in der Familie.

Zur Konfirmation haben sich die Eltern Schäppel und Spiegele zur Tracht ausgeliehen, weil sie kein Geld hatten, um sich diesen teuren Putz für ihre Tochter leisten zu können. An der Beschaffenheit des Schäppel und der Anzahl der Spiegele konnte man den sozialen Stand und die Herkunft der Trägerin erkennen. Das war in früherer Zeit für eine erfolgreiche »Heiratspolitik« unerlässlich. »Ich bin am Sundig nu in de rechte Tracht in Kirche gange«, erzählt sie weiter, so wie es in Reichenbach, einer der drei Schwarzwälder Bollenhutgemeinden, zur damaligen Zeit üblich war.

Karoline mit 17 Jahren in der Original Reichenbacher Schäppeltracht.

Als Magd verdingte sie sich auf verschiedenen Höfen in der Umgebung, bis sie mit achtzehn Jahren in einem Gasthof in Tennenbronn eine Anstellung fand. Von da an hat sie dann keine Tracht mehr getragen. Aber es gab immer was zu essen, erzählt Karoline. Ein Aspekt, der uns heute selbstverständlich erscheint.

Auf der Südseite des Schwarzenbachtals ist bereits die Sonne aufgegangen, bald wird auch das große Gemüsefeld beschienen.

Reiche Ernte am Nordhang

Alles, was sie über Gartenarbeit gelernt hatte, sei es bei ihrer Mutter oder bei den jeweiligen Bäuerinnen, konnte sie dann nach ihrer Heirat im Jahr 1951 gut im eigenen Garten anwenden. Gemüseanbau an einem Nordhang auf 830 Meter Höhe ist und bleibt eine Herausforderung und verlangt der Gärtnerin ihr ganzes Können ab. Im Winter gibt es drei Monate keine Sonne und es dauert auch relativ lange, bis im Frühjahr der Schnee geschmolzen ist. Der kleine, mit Staketen eingezäunte Gemüsegarten am Haus und das große Feldstück direkt darunter werden von Lothar und Erika hergerichtet. Einteilen, Säen und Pflanzen macht dann Karoline: »Wie ich luschtig bin, dia len mich wurschtle«, erklärt sie die Arbeitsteilung im Garten.

Von den Jahreszeiten gezeichnet:
das Türle vom alten Backhäusle.

Durch den späten Gartenstart wird nichts vorgezogen, alles kommt direkt in den Boden und wird gegebenenfalls später vereinzelt. So hat sich Karoline damit abgefunden, dass es im Schwarzenbach keine Tomaten, Gurken und auch kein Weißkraut gibt. Stattdessen wachsen Erbsen recht gut; drei verschiedene Sorten sind es, aus eigenem Saatgut gezogen. Auch Salat, Spinat und Zwiebeln sowie Wirsing, Rotkraut und Kohlrüben (hier Schwedenrüben genannt). Der Großteil der Rüben dient kleingeschnitten als Schweinefutter. Von Kräutern ist Karoline nicht so begeistert. Die kleine weißhaarige Frau mit Knotenfrisur baut trotzdem »Peterle, Schnittle«, Meerrettich und auch Knoblauch an, obwohl sie den letztgenannten gar nicht mag. »Ich bin an Socke gsi, als Kind hen sie mir Milch un Knoblauch igschittet un jetzt hun ich an Aber degege, so isch halt gsi«, erklärt sie ihren schlechten Gesundheitszustand als Kind und lächelt milde dabei.

Kanadische Goldrute in Vollblüte ziert den Rand des kleinen Gemüsegartens.

Feuerbohnen wachsen gut in Karolines Garten und erfreuen zudem mit ihren kräftig roten Blüten.

Große Kürbisse der Sorte »Roter Zentner« bevölkern das Gemüsefeld.

Peterle ist ein Problem

Wie viele Gärtnerinnen hat auch Karoline so ihre Erfahrung mit dem Petersilienanbau: »Peterle isch a Problem, weller Some isch de alt, wo mer zerscht kauft oder seller vo später?« Das schmackhafte Kraut keimt nämlich nur bei frischem letztjährigem Saatgut üppig und zuverlässig. Karoline ist sich ziemlich sicher, dass die Saatgutfirmen nicht immer nur die frische Ernte verkaufen. »Mangold un Flederleskrut (Melde) hät mer scho immer ghett«, sagt Karoline zur Renaissance alter Sorten im Gemüseanbau. Die Mangoldstrünke werden mit einem weißen »Sößle« zubereitet und die Blätter ergeben ein Spinatgemüse, am besten mit Brennnesseln gemischt. Das mag sie besonders und der »Doktor« hat es auch empfohlen. »Buschbohne bring ich net reif«, sagt sie, dafür sät Karoline Feuerbohnen, nach »Bonifaz«, dem letzten der drei Eisheiligen Mitte Mai. Die Stangen sind aber letztendlich nur etwas höher als sie selber, sodass die emsige Gärtnerin auch alle erreichen kann.

Besonders viel Zeit und Mühe macht sie sich beim Säen von »Radiesle« und »Rettichle«, denn diese werden »gestupft«, also einzeln in die Erde gesteckt. »Do bin ich scho e Wiele beschäftigt«, erklärt sie und zwinkert wieder fröhlich mit den Augen. So werden die Sämlinge beim Vereinzeln nicht gelockert und können zügig weiterwachsen. Aus dem schattigen Winterberg wird so im Laufe des Sommers ein üppig mit Gemüse und Blumen bewachsenes Stück Kulturlandschaft, denn Erika ergänzt die gärtnerische Leidenschaft ihrer Mutter mit bunten Dahlienstöcken, leuchtend orangefarbener Kapuzinerkresse, hohen Sonnenblumen um das Feld und großen Kübeln mit Fuchsien am Haus. Jeder so, wie er kann und wie er es mag in schönster Einheit.

Erstaunlicherweise hat man das Gefühl, Gartenarbeit ist für die alte Frau ein Jungbrunnen. Erika schüttelt manchmal den Kopf, wenn die umtriebige Mutter bei jedem Wetter und auch im Winter in »ihrem Garten« unterwegs ist, dabei die schmalen Wege und steilen »Trepple« mit Leichtigkeit überwindet. Karoline ist für ihr hohes Alter in beneidenswerter Weise äußerst beweglich. Zu ihrer Wohnung im zweiten Stock steigt sie jeden Tag ein paarmal eine schmale Stiege hinauf und wieder herunter.

Nachbars Rinder grasen am gegenüberliegenden Hang. Viehhaltung ist wichtig für die Offenhaltung der Landschaft im Berggebiet.

Die Nachbarn haben geholfen

Durch dieses doch ungünstigere Klima endet das Gartenjahr hier oben auch früher als anderswo. Es wird beizeiten geerntet und versorgt, was heutzutage ja relativ einfach ist, da man vieles einfrieren kann, meint Karoline. Früher, als es noch keine Gefriertruhen gab, wurde das meiste getrocknet, um es für den Winter haltbar zu machen, beispielsweise Bohnen, Apfelringe, Heidelbeeren und Pilze. Karoline hat schon als Kind viel über Gartenarbeit und Verarbeitung gelernt und hat alles irgendwann mal im Leben brauchen können.

So auch, als ihr Mann nach 17 Ehejahren und langer Krankheit starb. Er kam mit Gelbsucht und erfrorenen Fingern aus russischer Gefangenschaft nach Hause und hatte sich nie wieder wirklich erholt. Eine hausierende Zigeunerin hatte ihr damals geweissagt,

Frisch geflochtene Zwiebelzöpfe werden zum Trocknen im Schopf aufgehängt.

Im Schutz der Zwiebeln wachsen die kleinen Feldsalatrosetten zügig heran.

dass ihr Mann nicht mehr lange leben würde. Das war eine der wenigen Situationen in Karolines Leben, die sie in Angst und Schrecken versetzt hat. Auch heute noch verdunkelt sich das sonst immer so freundliche Antlitz merklich, wenn sie davon spricht. Da stand sie nun, ohne Mann, mit den beiden minderjährigen Töchtern, dem Hof und der ganzen Verantwortung. Die Landwirtschaft war eigentlich immer nur zur Selbstversorgung gedacht, für mehr war sie zu klein. Wenig Felder, ein Kartoffelacker lag sogar auf Nachbars Grund. Ursprünglich war es das Leibding vom benachbarten »Hansenbauern«, Ende des 19. Jahrhunderts restlos abgebrannt und vom Brandkassengeld wieder aufgebaut. Zwischenzeitlich auch renoviert, um für die Familie in dem kleinen Haus Platz zu schaffen.

So lebte man von dem, was man erzeugte, im Garten, auf dem Feld, im Wald. Brot wurde im eigenen Holzofen gebacken und auch Schweine wurden gehalten. All das ist bis auf den heutigen Tag so geblieben. Die Nachbarn haben ihr auch immer geholfen, »des war so, do het mer net die Stunde ufgschriebe wia hit«, beschreibt Karoline das gute nachbarschaftliche Verhältnis in ihrem Tal. Es wurde angepackt, wo Not am Mann war, im wahrsten Sinne des Wortes.

Der Schäppel

Der Schäppel ist ein Kopfschmuck der unverheirateten Frauen und wird das letzte Mal bei der Hochzeit getragen. In vielen Gebieten des Schwarzwaldes gehört dieser aus Perlen, Flittern, Bändern und kleinen Spiegeln gefertigte »Brautschmuck« zur Tracht. Dabei gibt es erhebliche Unterschiede je nach Region in Form, Größe und Auszier. So gilt das etwa faustgroße »Hauensteiner Schäppele« aus dem Hotzenwald als kleinste Variante, die korbgroßen Schäppel aus St. Georgen, Tennenbronn und Langenschiltach sind dagegen die größten Exemplare. Schäppel werden in katholischen, aber auch in evangelischen Gegenden getragen. Zum Schäppelschmuck aus Reichenbach (Karoline Baders Geburtsort) werden je nach Stand des Mädchens noch sogenannte »Spiegele« in die Zöpfe geflochten, maximal drei Stück. Das sind aus Perlenschnüren, Bändern und einem Spiegel in der Mitte gefertigte handtellergroße Kunstwerke. In vielen Trachtengemeinden war es üblich, sich den festtäglichen Putz gegen Gebühren von der Kirche auszuleihen. Später haben wohlhabende Bauern auch einen eigenen Schäppel samt Zubehör auf den Höfen ihr Eigen genannt. Die Anfertigung war und ist eine recht kostspielige Angelegenheit. Im Volksglauben sollen schillernde Kugeln und glänzende Spiegel den Teufel und böse Geister abhalten, sich an ehrbaren Jungfrauen zu vergreifen. Bleibt noch zu erwähnen, dass Tennenbronn die einzige Gemeinde im Schwarzwald ist, in der sich eine katholische und eine evangelische Tracht entwickelt hat. Beide sind völlig gleichberechtigt.

Im Gemüsegarten neben dem Haus werden Salat und Kohlrabi gepflanzt. Ringele (Ringelblumen) und Gurkenkraut (Borretsch) kommen von alleine.

Der Garten als Medizin

Entbehrungsreich und arbeitsam, so könnte man wohl das Leben von Karoline Bader beschreiben. Aber die Gärtnerin macht alles andere als einen verbitterten Eindruck. Im Gegenteil, sie ist froh und zufrieden, wenn sie jeden Tag im Garten arbeiten kann. Sie unterstützt die Familie bei kleineren Hausarbeiten oder bei der Essensvorbereitung, wenn die Tochter später von der Arbeit nach Hause kommt. Jeden Freitag kommen zwei Urenkel zum Essen, dann sitzen am großen Tisch vier Generationen und das Haus ist voller Leben. An langen Wintertagen klappert das Strickzeug in ihren Händen unermüdlich und stellt begehrte Wollsocken her. Das macht sie zufrieden. Von dieser Zufriedenheit zeugt jede einzelne Falte in ihrem freundlichen Gesicht. Am Ende ist es wohl die Summe aus allem, das Gebrauchtwerden, eine geschätzte Arbeit zu haben und auch als alter Mensch für die Familie etwas Sinnvolles leisten zu können.

»Ich kann net verschtau, wenn ebber koan Garde me mache will, des isch Medizin, des isch koa Lascht«, so erklärt Karoline, was der Garten für sie bedeutet, lächelt fröhlich und zwinkert freundlich mit den Augen.

Damit die Zwiebelzöpfe gut halten, arbeitet Karoline blaue Plastikschnüre ein.

Gartentipp:

Feldsalat in Zwiebelreihen | Besonders bemerkenswert ist der Anbau von Feldsalat zusammen mit Zwiebeln. Karoline steckt, sobald der Boden abgetrocknet und gerichtet ist, die Zwiebeln in Reihen. Nach dem längsten Tag, also nach »Johanni«, je nach Wetterlage, wird dann der Feldsalat zwischen die Zwiebelreihen gesät. Das geschieht durch »Stupfen«, jedes Samenkorn wird dabei einzeln in die Erde gedrückt. Vorteil dieser Partnerschaft: Die Zwiebeln haben schon eine gewisse Größe erreicht und können den keimenden Feldsalatsämlingen den benötigten Schatten spenden. Ein zusätzliches Abdecken entfällt. Werden die Zwiebeln Ende August geerntet, haben die Salatrosetten dann genügend Platz zum Weiterwachsen.

Trocknen von Bohnen und Erbsen | Die einfachste und älteste Art, Gemüse und Obst haltbar zu machen, ist das Trocknen. Karoline hat diese Arbeitsweise schon als Kind gelernt und viele Jahre praktiziert. Dafür werden grüne Bohnenschoten blanchiert, einzeln auf Brettern ausgebreitet und in die Sonne gestellt. Immer wieder geduldig wenden, so dass sie von allen Seiten auch gut trocknen können. Das dauert eine Weile. Danach werden sie luftig in Leinensäckchen auf dem Dachboden aufgehängt. Bei Bedarf dann über Nacht einweichen und wie gewohnt zubereiten. Dasselbe geht auch mit Erbsen- und Bohnenkernen, die zuvor sorgfältig ausgepult werden müssen. Diese dann ebenfalls auf großen Sieben oder Tabletts ausbreiten und gut trocknen, immer wieder wenden, damit keine Bohnenkäfer die wertvolle Ernte vernichten.

Der besondere Brotaufstrich der Familie aus Fichtenspitzen und Kräutern, der »7-Schößle-Waldhunig«.

Rezepttipp:

Reichenbacher Gurkensalat nach Karoline Bader | Bei Reichenbacher Bauern war es früher auf Kartoffelfeldern üblich, an den Stellen, wo kein Kartoffelstock aufging, ein paar Gurkensamen zu »stupfen«. Beim nächsten Hacken wenige Wochen später konnte man dann im Schurz viele Gurken mit nach Hause nehmen. Gurken wachsen gerne im Schutz von höheren Nachbarpflanzen. In den Gurkensalat wurde dann eine gekochte Kartoffel gehobelt und das Ganze mit etwas Salz und Senf gewürzt. Die Kartoffel nimmt dabei den größten Teil der Gurkenflüssigkeit auf. Ein wirklich leckerer Salat.

»7-Schößle-Waldhunig« | Für diesen besonderen Brotaufstrich werden sieben verschiedene Kräuter, Blätter und Blumen gesammelt. Weiter braucht es etwa zwei Hände voll frische »Schößle« (Triebe) von der Fichte. Dazu eine kleine Hand voll roter »Kleebollen« (Kleeblüten) und je etwa 20 Blätter von Himbeeren, Brombeeren, Heidelbeeren und Spitzwegerich. Die hellgrünen jungen Triebe, die Blüten und Blätter in 1 l kaltem Wasser ansetzen und langsam zum Sieden bringen. Man lässt sie kurz aufwallen, zieht den Topf vom Herd und lässt das Ganze über Nacht ziehen. Dann gießt man den Sud durch ein Sieb und lässt ihn abtropfen. In den Saft wird nun 1 kg Zucker (am besten Rohzucker oder brauner Kandiszucker) eingerührt und eine halbe, in Scheiben geschnittene Zitrone dazugegeben. Das Ganze bei schwacher Hitze einkochen lassen. Das dauert etwa 3 Stunden. Vorsicht! Bei zu großer Hitze kann die Masse harzig werden. 2 kg Sud ergeben etwa 1,35 kg Schoßhonig. Den Honig in Gläser abfüllen und kühl und dunkel lagern.

Maria King | Spätes Gartenglück auf dem Lienberg

»'s isch mer ans Herz gwagse«

Von Walburga Schillinger

Maria King,
Jahrgang 1939,
2 Kinder, 1 Enkel,
Schramberg-Sulgen
(Landkreis Rottweil).

Ein atemberaubender Sonnenuntergang, ein gemütliches Plätzchen unter dem Schatten spendenden Blätterdach des alten Birnbaums im Hof, mit freiem Blick auf die sich öffnende Landschaft – das kann man als Gast auf dem Lienberg zur abendlichen Stunde im Hochsommer genießen. Maria King erlebt dieses grandiose Naturschauspiel schon seit über fünfzig Jahren. Es gehört zum Leben hier oben dazu, ganz selbstverständlich, wie vieles andere auch.

Im typischen Stil der Schwarzwaldrandgehöfte wurde er einst erbaut, der Hof von Maria, Sohn Hubert, Tochter Sonja und Enkel Felix auf dem Lienberg. Der Wohntrakt mit weiß gestrichenem Schindelanschlag und grünen Fensterläden, daran anschließend das ehemalige Stallgebäude mit Ökonomie. Hier auf dem Lienberg, der ganz genau genommen eine große Hochebene ist, gibt es noch einige bewirtschaftete Hofstellen. Der größte Teil dieses Gebietes ist mittlerweile jedoch von großen Industriebetrieben besie-

Am alten Hofgebäude sind die Holzschindeln weiß gestrichen, die grünen Fensterläden geben einen schönen Kontrast.

Maria (Mitte) in Einbacher Mädchentracht bei ihrer Erstkommunion.

delt. Sulgen, der Stadtteil Schrambergs, zu dem der Lienberg gehört, garantiert der Großen Kreisstadt durch international tätige Unternehmen den bedeutendsten Teil ihrer Einnahmen. Dieser Erschließungspolitik ist auch der Hof von Maria King zum Opfer gefallen. Die vor Jahren gebaute Umgehungsstraße trennt den Hof in zwei Teile. Seither war eine ökonomische Betriebsführung nicht mehr möglich.

Maria Kings Vater hatte einst hier oben auf 750 Metern Höhe eine Wiese bewirtschaftet. Die Familie betrieb aber einen Hof in Hausach, rund 30 Kilometer von Sulgen entfernt. Ein junger Nachbar, der mit seinem Grundstück an die Wiese angrenzte, bot seine Hilfe beim Mähen mit dem Motormäher an. Nach Hause wurde das Heu dann mit einem alten Bundeswehr-Jeep samt zwei hintereinandergekoppelten Anhängern gebracht. Und das die lange Fahrt das Kinzigtal hinunter. »Des hätt so manche Bremsklotz koscht«, erklärt Maria das Kräfte und Material verzehrende Heuen in den Fünfzigerjahren.

Weidenkunst im Garten

Hubert King hat vor 15 Jahren angefangen, auf dem Hof unterschiedliche Weidensorten anzubauen; inzwischen sind es über 30 verschiedene. Es gedeihen Hänge-, Korb- und Kätzchenweide, aber auch alpine Sorten. In Seminaren und Kursen vermittelt er Interessierten die Kunst mit Weiden und diversen Naturmaterialien zu flechten. Der Gärtner und Floristikmeister verarbeitet dabei ausschließlich frisches Material, denn dabei kommen Farben und Texturen besser zur Geltung. In den heimischen Garten hat der Künstler als besondere Hingucker unkonventionelle Arbeiten und imposante Objekte aus Weide integriert.

Reihenmischkultur mit Zuckerhutsalat, Brokkoli, Gelbem Sonnenhut und verschiedenen Sorten Stangenbohnen.
Unten: Spinnen nutzen die aufrechten Stängel der Herbstanemone für ihre Netze.

Am Abend in den Garten

Aus dieser nachbarschaftlichen Hilfe wurde eine Ehe. Die junge Maria hat mit zwanzig Jahren hier heraufgeheiratet, damals noch mit dem Einverständnis ihrer Eltern. Der etwas ältere Karl war auf seinem Hof mit einem alten Onkel alleine und brauchte nach dem Tod seiner Mutter dringend eine Frau im Haus. Der Hof wurde alsbald schon als Nebenerwerbslandwirtschaft geführt. Karl ging in einer der zahlreichen neuen Fabriken im Ort zur Arbeit. Und Maria? Sie hat den Hof bewirtschaftet, meist alleine oder mit Hilfe des alten Onkels. Wie vielen Bauersfrauen ihrer Zeit wurde ihr da einiges abverlangt: Sie hat gepflügt, gesetzt, gesät, gemäht, sie hat gemolken, später Butter gemacht und diese mit Eiern und Kartoffeln ab Hof verkauft. Für den Garten blieb da wenig Zeit. Außer am Abend, nach der Arbeit. Kurz vor dem Dunkelwerden verschwand Maria regelmäßig in den Garten. Denn was täglich auf den Tisch kommen sollte, musste ja auch einigermaßen gehegt werden. Salat wollte Karl immer haben, aber für Blumen sollte in Marias Garten kein Platz sein. »Ha jo, des war halt so«, sagt Maria über ihre entbehrungsreiche Zeit am Anfang ihrer Ehe und macht ein nachdenkliches Gesicht.

Geraniensamen mit leicht fedrigen Haaren am Grannenende. Rechts: Zuckerhutsetzlinge in Saatschalen warten darauf ausgepflanzt zu werden.

Der Vater liebte Blumen

Maria versteht die Gartenarbeit als etwas Selbstverständliches. Garten war und ist wichtig, er sorgte und sorgt für Abwechslung und Reichhaltigkeit auf dem Speisezettel. Auch Marias Mutter hatte auf dem elterlichen Hof drunten im milden Kinzigtal einen Gemüsegarten, wie er nach dem Krieg und bis in die Siebzigerjahre hinein auf den Schwarzwaldhöfen noch selbstverständlich war. Doch ihr Vater war es, der ihr die Liebe und Freude an den Blumen weitergegeben hat. Er kam oft heim und hatte ein »Blümle« mitgebracht für den Garten. Eine ausgegrabene Staude oder eine »Einjährige« von einer Blumen liebenden Nachbarin. Das hatte sein Herz berührt. In Mutters Gemüsegarten überlebten die Blumen aber meist nicht lange. Wenn es der Mutter zu dumm wurde, riss sie das »unnitz Krut« einfach heraus.

Die Hartherzigkeit ihrer Mutter tat Marias Begeisterung für die Gartenarbeit aber keinen Abbruch. Die wollte ihr das Gärtnern ja eher austreiben. Sie war das älteste der Kinder und sollte nach Mutters Ansicht eh ein Junge werden. Die Mutter hat sie das die ganze Kindheit über spüren lassen. Der geliebte, an Heilkunde interessierte Vater aber sorgte dafür, dass jedes seiner vier Kinder ein eigenes »Gärtle« bekam. Im Gegensatz zu seiner Frau sah er Pflanzen, vor allem aber Blumen als Wohltat für Körper und Seele an.

Aus Marias Gemüsegarten auf dem Lienberg, direkt vor dem Haus und so Mittelpunkt der Hofstelle, hat sich seit dem frühen Tod ihres Mannes ein wahres Gartenparadies entwickelt. Schon an der langen Zufahrt erstrecken sich links vor der Einfahrt lange Felder mit Gemüse, Blumen, Stauden und Kräutern. Nebeneinander in Reihe zwar, aber schön bunt durcheinander. Als Sicht- und Windschutz dahinter breiten sich besondere Sträucher wie die Japanische Zierkirsche, eine Zaunrübe oder über den Sommer eingegrabene prächtig gefüllte Engelstrom-

Bei Marias Geranienzucht kommen immer wieder besondere Sorten heraus, hier eine gestreifte blassrote Schönheit.

peten aus. Im Innenhof wird man von Huberts Weidenskulpturen und von riesigen Holzplastiken begrüßt, zwischendurch immer wieder charmante Hingucker. Da bilden Wurzeln und Äste Tischgestelle, darauf eine Glasplatte, damit man den Blumenschmuck darunter bewundern kann.

Hubert hat den Hof nach dem Tod des Vaters übernommen. Der Floristikmeister gibt in Weiden-Kreativseminaren kunstvolles und außergewöhnliches Wissen weiter. Maria bekocht die Teilnehmer dann mit herrlicher Kürbiscremesuppe – aus Gartenzutaten, versteht sich. Überhaupt ist Garten auf dem Lienberg ein Gemeinschaftsprojekt. Hubert kümmert sich um die Bodenbearbeitung, gesetzt und gesät wird dann gemeinsam zur Hauptarbeit im Frühjahr. Zwischendurch schließt Maria die Erntelücken mit nachgezogenem Gemüse oder Blumen. Das sieht und spürt man beim Gang durch das Anwesen. Da wachsen in langen Reihen Erbsen an Baustahlmatten und dahinter schließt sich eine von Huberts besonderen Straucharten an. Harmonie durch Gegensatz, unkonventionell und spannend. Obwohl auch Maria jedem ihrer Kinder ein »Gärtle« gerichtet hat, ist die Liebe zu Pflanzen und Blumen nur bei Hubert angekommen. Sonja hat auf dem Hof eine eigene Naturheilpraxis und kümmert sich um alle anstehenden Büroarbeiten. So bringt sich jeder mit dem ein, was ihm am besten liegt.

»Ampeltomaten«: eine andere Art Blumenkästen an Fenstern zu bepflanzen.

Geranien sind Marias Lieblinge

Nun darf Maria ihre Gartenliebe ausleben, kann versuchen, experimentieren und jedes Jahr neue Sorten ausprobieren. Das genießt sie sehr. Wir begegnen Hängetomaten in Blumenkästen, in großen Kübeln wachsen exotisch anmutende Pflanzen. Und immer wieder Geranien, riesige alte Exemplare, die sicher schon einige Jahrzehnte auf dem Buckel haben. Solche mit allerlei duftenden Blättern oder auch solche mit zweifarbigen Blüten. Auch die alte blutrote Sorte »Krönchen« findet man hier. Maria vermehrt Geranien aus Samen, genau genommen sind es Neuzüchtungen, da durch die generative Vermehrung mit Hilfe von Wind und Insekten neue Sorten entstehen können. »Dia Bluame mag sii am ärgschte«, verkündet der kleine Felix mit wissender Miene beim Anblick dieser Geranienvielfalt.

Die violette Kartoffelsorte »Highland Burgundy Red« hat auch ein farbiges Innenleben.

An langen Baustahlmatten wachsen Erbsen neben Lauch und Ringelblumen. Im Hintergrund besondere Sträucher für Huberts Floristik-Kunstwerke.

Beim Gang ums Anwesen kommt man immer wieder an kleinen Feldern vorbei. Eines liegt direkt in Sichtweite des Küchenfensters. Dort wachsen Dahlien in allen möglichen Farben und Blütenformen, darunter sogar zwei Sorten, die sie vom elterlichen Hof mitgebracht hat. Der Zuckerhut hat schon ganz nette Köpfe, Endivien folgen dichte Reihen mit glatter Petersilie. Auf dem Misthaufen daneben ranken schon kleine Kürbisräder in schönen Pastelltönen. Und dahinter hat Hubert für seinen Neffen Felix ein wahres Prachtexemplar von einem Baumhaus gebaut, aus einer hohlen, dreihundertjährigen Linde. Der Traum eines jeden Sechsjährigen, Abenteuer pur.

Die Lust und Faszination, immer wieder Neues auszuprobieren, gipfelt in diesem Jahr in Kartoffeln aus Lanzarote. Maria war im Frühjahr ein paar Tage auf der Atlantikinsel, hat sich auf dortigen Märkten welche besorgt und auf dem Lienberg eingesetzt. Mittlerweile konnte sie schon wahre Prachtexemplare ernten. Die violette Sorte »Highland Burgundy Red« baut sie dagegen schon seit einigen Jahren erfolgreich unter Heu an. Eine Anbauweise, die schon mancher ausprobiert hat, die jedoch nur bei wenigen wirklich zum Erfolg führt. Es gibt dabei halt einiges zu beachten.

Im großen Gewächshaus dagegen scheint alles wie von selber zu wachsen. In diesem feuchtwarmen, geradezu mediterranen Klima gedeiht ein wahrer Wald aus Tomaten aller Sorten und Farben, Paprika in verschiedenen Formen und natürlich scharfe Chili für die Harissa, eine nordafrikanische Würzpaste. In der vorderen Ecke erklimmt eine Feige die Gewächshausdecke und ein Weinstock mit süßen Trauben bekränzt den Eingang. Überall stehen Kisten mit Setzlingen, verschiedene Salate, Stiefmütterchen und Heiligenkraut für den Friedhof. In Ampeln und auf Gestellen stehen wärmeliebende Kapland-Pelargonien (Umckaloabo), Sukkulenten und sonstige Dickblattgewächse. Damit nicht genug, Maria wuselt voraus und zeigt noch einen großen Folientunnel. Hier fühlen sich vor allem Gurken wohl.

Enkel Felix erklimmt die Leiter in seinem tollen neuen Baumhaus.

Gartenfülle bis in den Winter hinein

Selbst erzeugte und weiterverarbeitete Lebensmittel sind bei Familie King eine Selbstverständlichkeit, gehören zum Lebensgefühl einfach dazu. Und sie zeugen von der Wertschätzung der eigenen Arbeit. So liefert die Beerenplantage Aronia-, Holunder-, Him- und Johannisbeeren, aus denen wohlschmeckender Saft gepresst wird. Der umliegende Wald ist ein willkommener Lieferant von frischen Pilzen. Und aus Marias Gärten kommt das ganze Jahr über frisches Gemüse und knackiger Salat. Gemeinsam wird Sauerkraut eingeschnitten, »Ständelebohnen« werden in Tontöpfen haltbar gemacht oder Zuckerhutsalatköpfe in Staudenkisten als Wintervorrat eingelagert. Fürs Kochen ist dann wieder Maria alleine zuständig, aber diese Arbeit liebt sie auch. »Do wird voschafft, was mer hot«, sagt Maria und lächelt. »Des Gartejohr isch nit jedes Jahr glich, mol gits vo dem meh, mol vo sellem, dis Johr isch a Gurkejohr un Krut un Salat gits au en Haufe«, meint Maria und schneidet noch schnell eine große Schlangengurke fürs Mittagessen ab.

Maria hat ihr Lebensglück im Garten gefunden. Dieses Gefühl strahlt sie aus und aus ihrem Mund sprudelt es nur so heraus, wenn sie über ihn spricht. Aus vollem Herzen gibt sie davon gerne an lieb gewonnene Menschen ab, man fühlt sich unendlich reich beschenkt – im Geist und im Korb.

Im Hof an der Stallwand stehen in großen Töpfen baumartige Prachtexemplare von Engelstrompeten, Bleiwurz und Geranien.

Feigen, Weintrauben und viele verschiedene Tomatensorten bevölkern das große Gewächshaus bis unters Dach.

Gartentipp:

Kartoffelanbau unter Heu | Die Kartoffeln werden direkt auf dem mit gut verrottetem Mist oder Kompost gedüngten Feld ausgelegt. Dann werden sie mit Futterresten aus dem Schafstall und altem Heu abgedeckt. Im Laufe des Jahres wird immer wieder Heu darübergelegt, so dass die Kartoffeln stets gut geschützt liegen. Zur Erntezeit dann die Heuschicht einfach abtragen und die Knollen aufsammeln.

Geranien ziehen aus Samen | Es eignen sich vor allem alte und einfach blühende Geranien-Sorten dafür, da diese noch Samen ausbilden. Dazu die trockenen Samenschnäbel ernten und nochmals gut nachtrocknen. Ab Januar können die Samen dann ausgesät werden, sie werden dann noch im gleichen Jahr blühen. Mit dieser Methode kommen bei jeder Pflanze immer wieder andere Farbtöne hervor, auch zweifarbige Exemplare sind keine Seltenheit.

Die spitzen schnabelartigen Samen der Geranien kurz vor dem Aufbrechen.

Einmal quer durch den Garten: frisches Gemüse und Pilze für die Gemüsepfanne.

Rezepttipp:

Gemüsepfanne nach Jahreszeit | In einer Pfanne Zwiebeln in gutem Öl andünsten, geputztes, in mundgerechte Stücke geteiltes Gemüse (Blumenkohl, Gelbe Rüben, Zucchini, Tomaten, Paprika, eventuell Pilze) nach und nach dazugeben. Darauf achten, dass Gemüse mit längeren Garzeiten zuerst an die Reihe kommt. Alles zusammen miteinander köcheln lassen. Zum Binden kann man Kartoffelstückchen verwenden. Abgeschmeckt wird mit Salz und etwas Brühe, zum Schluss gibt man noch Sahne dazu. Bei Maria gibt's Weißbrot oder Weckle dazu.

Ständelebohnen | 6 bis 7 kg Stangenbohnen (z. B. die Sorte »Cobra«) waschen und halbieren, dann etwa 5 Minuten aufkochen lassen. Die Bohnen auf einem Küchentuch erkalten lassen und dann zusammen mit den Gewürzen (Bohnenkraut, Dill, Lorbeerblätter) und 5 bis 8 g Salz pro kg Gemüse in einen 10-l-Gärtopf schichten, mit der Hand etwas andrücken. Zuletzt die Gärsteine auflegen und zusätzlich noch mit einem Stein beschweren. »Sunsch isch zwenig«, sagt Maria. Mit dem Deckel verschließen und Wasser in die Rinne schütten. Maria stellt den Topf dann einfach in den Keller auf eine Holzpalette. Nach etwa 4 bis 6 Wochen sind die Bohnen küchenfertig.

»Wenn de ’s gonz Johr ebbis ha willsch, muesch ebbis mache«

Von Barbara Sester

Emilie Trautwein,
Jahrgang 1936,
4 Kinder, 8 Enkel,
Eichstetten am Kaiserstuhl
(Landkreis Breisgau-Hochschwarzwald).

Samstags steht Emilie Trautwein um kurz nach vier Uhr auf. Das ist spät, wie sie betont, denn erst um halb sechs fährt sie der Sohn oder der Nachbar auf den Freiburger Münstermarkt, wo sie ihren Marktstand aufbaut. Seit über 60 Jahren! Es gab nur wenige Samstage, an denen sie fehlte. Wenn mal eine Hochzeit war oder ein anderer wichtiger Anlass. Sie breitet auf Kisten und Brettern ihre Waren aus und verkauft, was sie auf ihrem Gemüsefeld in Eichstetten angebaut hat. Sie ist Marktfrau mit Leib und Seele und hat stets im Blick, was der Kunde wünscht oder vielleicht brauchen könnte. Viele sind Stammkunden und »freundliche Leute«, wie Emilie betont. Auf der Nordseite des mit Kopfstein gepflasterten Münsterplatzes versorgen die Erzeuger der Umgebung schon seit Jahrhunderten die Städter mit frischem Gemüse. Etwa 90 Erzeuger sind es auch heute noch, viele schon seit Generationen. Der Markt geht auf das Jahr 1120 zurück, als Freiburg die Marktrechte erhielt. Vor den Toren der Stadt zum Rheintal hin gibt es einige Gemeinden, die eine lange Gemüse-

Emilie hat am Fuß des Freiburger Münsters ihren festen Marktplatz.

bautradition haben. Eichstetten, etwa 15 Kilometer entfernt am Rand des Kaiserstuhls gelegen, gehört maßgeblich dazu.

Emilie hat mit 16 Jahren zum ersten Mal hier verkauft. Damals brachte sie – wie viele andere – ihre Waren noch mit dem Fahrrad. Später kam die Familie 28 Jahre lang mit dem Traktor in die Stadt. Emilie liebt es klar strukturiert und schildert den früheren Tagesablauf: Aufstehen um 2.45 Uhr, 3.15 Uhr Abfahrt, mit dem Glockenschlag vier auf dem Münsterplatz zu sein war das Ziel, abladen, zum Großmarkt fahren. Dort wurden größere Händler bedient, bevor es zurück auf den Platz ging. Verkaufen bis 14 Uhr und wieder heim, auspacken. Am Tag zuvor alles richten. »Do warsch üsbuecht«, sagt sie und meint, dass sie es heute doch etwas ruhiger anginge. »De ›Power‹ fehlt halt langsam e wing.«

Wieder fröhliche Stunden für Emilie (links) mit den Mädchen ihres Dorfes nach dem Zweiten Weltkrieg.

INTERNATIONAL
433

Ein bekanntes Bild in Eichstetten: Emilie und ihr roter Traktor auf dem Weg zum Acker.

Mit dem Traktor mobil

Emilies Garten ist das Feld, etwa hundert Meter lang. Für einen Haus- oder Vorgarten gibt es an ihrem Haus in Dorflage weder Platz noch Zeit. Im überdachten Hinterhof stehen Autos, Traktoren, die Gemüsewaschmaschine und sonstiges Gerät vom Wein- und Gemüsebaubetrieb des Sohnes und seiner Familie. Zu ihrem Feld fährt sie jeden Tag mit ihrem 733er-McCormick, auf dem Holzanhänger Hacke, Kisten, Schnüre oder was sie sonst noch braucht. »Mit em Bulldogg bin ich mobil«, meint sie. Zum Autoführerschein habe früher einfach die Zeit nicht gereicht. Wenn es draußen wächst, ist die kleine, zierliche Frau mit dem sorgsam gepflegten grauen Kurzhaarschnitt von Montag bis Donnerstag vor- und nachmittags auf dem Ackerfeld. Im Winter lässt sie sich für alles mehr Zeit und kann in Ruhe mit einigen treuen Helferinnen Feldsalat, Rosenkohl und Kraut richten. Auch schon ein paar Tage im Voraus, das ist im Sommer wegen der Wärme nicht möglich. Sie meint daher: »Im Winter hab ich's am nettschde.«

Ein Lenkradknauf gibt Sicherheit beim Lenken und Fahren in präzisen Reihen.

Die Bartnelke ist eine dankbare Marktblume: farbenfroh, stabil und lange haltbar in der Vase.

Eichstetter »Gälriebli«

Schon Ende Februar, wenn die Ackerflächen trocknen, kribbelt es Emilie in den Fingern. Möhren können gesät werden, ebenso Petersilie in glatten, krausen und Wurzelvariationen. Lauchpflänzchen und Kohlrabisetzlinge kommen in den Boden. Ihr jüngster Sohn hat ihr zuvor das Saatbett mit dem Traktor vorbereitet. Eine gute Bodenbearbeitung sei das A und O. Der Boden ist feinsandig und fruchtbar hier am Ostrand des Kaiserstuhls. Genau so, wie es die empfindlichen Möhren lieben. Sie sind zum Markenzeichen des Ortes geworden, die Kaiserstühler Karotten, hier »Gälriebli« genannt. Es folgen Buschbohnen, Sellerie, Zwiebeln, Spinat. Rot- und Weißkraut sät Emilie selbst an und deckt die junge Saat mit Vlies ab. Wegen der Erdflöhe. Und natürlich immer wieder Salat, alle drei Wochen. Um auf dem Markt eine Vielfalt anbieten zu können, braucht es genaue Planung. Auch die Ferienzeiten müssen

Saisonale Fülle zeichnet den Freiburger Wochenmarkt aus. Emilie trägt ihren Teil dazu bei.

da berücksichtigt werden, wo weniger Kunden kommen. Samen und Setzlinge bezieht sie schon seit Jahren von den gleichen Händlern und aus dem örtlichen Raiffeisenmarkt. Nach den Eisheiligen, Mitte Mai, pflanzt sie robuste Tomatensetzlinge ins Freiland, wo sie an einem Drahtgitter emporwachsen.

Besonders gerne werden auch Blumensträuße gekauft. Parallel zum Gemüse sät Emilie daher lange Reihen Bartnelken. Im zeitigen Frühjahr gibt es Christrosen. »Aber vun dene hab ich nur fünfzehn Meter pflanzt«, sagt sie und bemängelt, dass die Köpfe oft abbrechen. Besser geeignet seien da die Pfingstrosen, von denen sie einige über 20 Jahre alte Stöcke auf dem Feld hat, in klassischem Dunkelrot und Zartrosa. Auch Löwenmäulchen baut sie für Sträuße an, hier im Dialekt werden sie nach einem Hasenschnäuzchen »Hasemeffili« genannt.

Kaiserstühler Samengarten

Eichstetten machte sich schon früh einen Namen als Wiege des biologischen Gemüseanbaus mit Erhalt der biologischen Vielfalt. Seit einigen Jahren gibt es dort die Stiftung Kaiserstühler Garten, die zur Bewahrung der Kulturpflanzenvielfalt beiträgt. Der Samengarten sieht sich als regionale Antwort auf die globale Privatisierung des Saatguts und auf das Verschwinden traditioneller Sorten. Zur Stiftung gehört auch ein Obstmuseum. Der ganzjährig frei zugängliche Schaugarten zeigt im Lauf der Vegetationsperiode den Reichtum heimischer und exotischer Kulturpflanzen, vom Keimen im Frühjahr bis zur Samenreife im Herbst. Im Sommer und Herbst werden monatlich öffentliche Führungen angeboten, außerdem Seminare zum Samenbau. Hobbygärtner können für den Eigenbedarf Saatgut aus einem über 700 Sorten umfassenden Fundus wählen.
Kontakt: Stiftung Kaiserstühler Garten, Hauptstraße 43, 79356 Eichstetten am Kaiserstuhl, Telefon (0 76 63) 93 23 13, www.kaiserstuehler-garten.de

Wichtig ist eine gute Planung: Wann kann wie viel Salat, Sellerie oder Kraut verkauft werden ...

Grüne Revolution

Später im Jahr kommen auch Wirsing und sogar Grünkohl aufs Feld. Es gibt immer mehr norddeutsche Kunden, die sie damit glücklich machen kann. »Aber mir isch e Kepfli Werschig lieber«, sagt Emilie zu ihren Kohlvorlieben. Sie kocht sich immer eine warme Mahlzeit, gerne am Abend zuvor oder so, dass sie zweimal davon essen kann. Lange war sie große Esstische gewöhnt. Als sie mit knapp zwanzig ihren Mann Gustav heiratete und zu ihm zog, saß neben den Schwiegereltern auch noch eine Schwester des Mannes am Tisch der gemeinsamen Küche. Ihre Schwiegermutter wies ihr nach der Hochzeit ihren Platz am Tisch zu. Später kamen die eigenen Kinder dazu, drei Jungen und ein Mädchen.

Bis in die 1970er-Jahre hatten sie noch elf Rinder, zwölf bis 15 Schweine und einige Hühner zu versorgen – so wie die meisten Höfe in der engen Ortslage. Bis der Weinbau im großen Stil betrieben und damit lukrativer wurde, war der Kaiserstuhl eine arme Gegend. Der technische Fortschritt und die grüne Revolution sorgten aber ab den 1960er-Jahren auch bei den Gemüsebauern für bessere Einnahmen. Wer Gemüse verkaufte, hatte Geld, sich ein neues Feld zu kaufen oder zu bauen. »Mer het viel schaffe miesse, aber mer het au Erfolg g'ha«, sagt Emilie über diese arbeitsreiche Zeit. Neben der Arbeit auf dem Hof und dem Feld sorgte sie für ihre später pflegebedürftigen Schwiegereltern und holte die bettlägerige Mutter die letzten drei Lebensjahre zu sich. Seit ihr Mann 1998 an einem Herzinfarkt gestorben ist, lebt sie allein in ihrer Wohnung unterm Dach des gemeinsamen Hauses.

In Reihen: Schnittlauchblüten vor Tomaten und Bartnelken, dahinter ein Maisfeld.

Auf Emilies Einachs-Anhänger weist ein Schild auf die Höchstgeschwindigkeit hin.

Eine Kriegskindheit

Die ersten Gemüsepioniere steckten ihre Gurken zwischen die Rebzeilen, erzählt Emilie. Ihr Schwiegervater gehörte schon vor dem Zweiten Weltkrieg zu den Beschickern des Freiburger Münstermarkts. Erlernt hat die Gemüsebäuerin mit dem forschen, wachen Blick die teilweise recht speziellen Arbeiten im Gemüsebau aus der eigenen Erfahrung und dem Austausch mit Berufskollegen. »Ich hab g'schaut, wie's d' anderi mache, und hab g'lese, was uf de Päckli stoht.« Und natürlich musste sie zupacken, von Kindheit an. Es war eine Kriegskindheit. Die 1936 geborene Emilie Danzeisen wurde verspätet eingeschult. Zusammen mit 50 Mitschülern wurde der Unterricht im Eichstetter Bürgersaal abgehalten, während die Dorfschule als Militärlager genutzt wurde. Ihre schulische Laufbahn endete 1950, sechs Jahre später heiratete sie. Einen Beruf hat sie nie offiziell gelernt. Könnte sie heute nochmals entscheiden, würde sie den Beruf der Floristin oder Zierpflanzengärtnerin wählen. Vielleicht schaut sie deshalb so gerne die Sendung »Grünzeug« an, die einzige Ruhepause, die sie sich am frühen Abend gönnt. Zum Lesen ist sie meist zu müde und geht früh ins Bett. Obwohl sie ja nicht mehr so früh aufstehen muss unter der Woche, erst um halb sechs.

Beim Sträußebinden kann Emilie aus dem Vollen schöpfen und ein Bartnelkenstrauß vom Markt bringt Freude.

Gartentipp:

Bartnelken | Die als zweijährig geltende Blume ist äußerst blühfreudig und recht einfach zu kultivieren. Emilie sät die Bartnelken für das nächste Jahr erst im Juli oder August und nicht schon im Mai, wie es sonst empfohlen wird. Auch ihre Pflanzen kommen gut durch den Winter und blühen bereits ab Mai. Im Hausgarten sät sich die Bartnelke auch gerne selbst aus. Die meist weiß gerändert rot, violett und lila blühende Bartnelke eignet sich gut für die Vase, weil sie sehr lange hält. Bei Emilie gehen die Sträuße daher sehr gut. Die Blätter am Stiel sollten entfernt und das Wasser öfters erneuert werden.

Ein wenig vom Blattkraut wird entfernt, bevor die Sträuße marktfertig gebunden werden.

Wirsing ist ein schmackhaftes Gemüse mit mildem Kohlgeschmack.

Rezepttipp:

Vulkanspargel in Variationen | Vulkanspargel ist eine Kaiserstühler Gemüserarität, die mit Spargel botanisch nichts zu tun hat. Von dem Zichoriengewächs können die von Blättern umgebenen spargelartigen Sprösslinge verwendet werden, die ähnlich wie Spargel aussehen und im Geschmack an Chicorée erinnern. Wer die Bitterstoffe etwas mildern will, wässert den Vulkanspargel in etwas Salz- oder Zuckerwasser. Als Gemüsebeilage die gesamte Pflanze – Spargel und Blätter – gründlich waschen, kleinschneiden. In einer Pfanne Balsamico-Essig, Honig und Butter erwärmen. Zuerst den Spargel zugeben und andünsten, danach die Blätter noch kurz mitdünsten. Die Spargel alleine können in einem Sud aus Wasser, Butter, Zucker und Salz gekocht werden und entweder mit einer Sauce hollandaise oder im Backofen mit Parmesan überbacken verfeinert werden. Die Blätter können übrigens auch als Salat gegessen oder einzelne Blätter grünem Salat beigemischt werden.

Wirsing mit Beiguss | 1 kg Wirsing, Salz, 2 EL Fett, 4 EL Mehl, 1 Zwiebel, Salz, Petersilie. Der Wirsing wird geputzt, gewaschen und in kochendem Salzwasser bei offenem Deckel gekocht. Sobald sich die Rippen weich anfühlen, wird das Gemüse abgeschüttet, abgeschreckt und im Seiher grob zerschnitten. Aus Fett, Mehl, Zwiebel (fein geschnitten) und Abkochwasser bereitet man einen hellen Beiguss, den man 15 Minuten kocht. Dann Gemüse, Salz, gewiegte Petersilie dazugeben und noch kurze Zeit dämpfen.

Gertrud Zapf | Verwunschener Garten im stillen Tal

»Gosch in Garde, aber dass dich de Babe it sieht«

Von Walburga Schillinger

Gertrud Zapf, Jahrgang 1943, 4 Kinder, 10 Enkel, Furtwangen-Neukirch (Schwarzwald-Baar-Kreis).

Die Morgensonne schiebt sich über den Hochwald, in wenigen Minuten ist sie voll aufgegangen und lässt schon zu dieser frühen Stunde ihre hochsommerliche Kraft spüren.

Gertrud Zapf sitzt dicht an der Hauswand des Burghofes auf ihrer kleinen Terrasse mit einer heißen Tasse Kaffee in der Hand. Der Garten schließt sich direkt an, eins wächst ins andere hinein ohne wirkliche Grenzen oder Übergänge. Sogar die Stützmauer, die den erhöhten Gartenbereich von der Terrasse trennt, ist dicht bewachsen mit Efeu und duftendem Geißblatt und gibt einem das Gefühl von Geborgenheit. Vom eigentlichen Garten sieht man von hier aus nicht viel, man erahnt ihn nur, hinter der hohen Sonnenhut-Staude, die ihre goldgelben Blütenkugeln über die Mauer hinweg leuchten lässt.

Diese Farbenpracht ist geradezu als Einladung zu verstehen, den Garten an diesem heißen Augustmorgen zu erkunden. Etwas verwunschen mutet er an, von einer dichten Wildstraucherhecke umgeben, als Eingang nur

Geschützt durch Zaun und Hecke liegt Gertruds Gartenparadies wie in einer hohlen Hand direkt vor der Küche.

In schneereichen Wintern wie hier in den Achtzigerjahren sieht man vom Garten nichts mehr, nur das Dach des Gewächshäusles schaut noch etwas heraus.

ein schmaler Durchgang, den ein noch blühender Rosenstrauch erobert hat. In leichter Schräglage und teilweise terrassiert schmiegt sich der Garten wie in einer hohlen Hand an die Wand des Hofgebäudes. Auf der rechten Seite schließt ihn ein Stakettenzaun auf einer hohen Mauer ab. Dieses kleine Paradies ist die Heimat von Gertrud Zapf.

Der Burghof liegt in einem stillen Tal, das sich in südöstlicher Richtung nach Neukirch hin öffnet. Burghof und Neukirch gehören seit der Gemeindereform zur Uhrenstadt Furtwangen, weithin bekannt als höchstgelegene Stadt Baden-Württembergs. Sie gilt überdies als einer der schnee- und regenreichsten Orte Deutschlands.

In Höhenlagen ist ein Gewächshaus eine wirkliche Hilfe. Anzucht und Jungpflanzenkultur sind so auch schon früh im Jahr möglich.

Hof wurde aufgegeben

Viele Höfe im Schwarzwald werden nicht mehr bewirtschaftet oder wurden aufgegeben. Das hat vielerlei Gründe. Oft gehen die Nachkommen der Hofbesitzer einer lohnenswerteren Arbeit nach, die Erben fallen so aus. Der anstrengenden und entbehrungsreichen Arbeit im Berggebiet mag sich heute halt niemand mehr aussetzen. Angemessene Entlohnung für gute Arbeit ist auf Schwarzwälder Höfen wohl eher Ausnahme denn Regel. So ist es auch auf dem Burghof. Getruds ältester Sohn Martin bewirtschaftet den Hof nicht mehr, er arbeitet als Produktionsleiter bei einem bekannten Modellbau-Unternehmen in Gütenbach. Aufgegeben aber hat den landwirtschaftlichen Betrieb schon ihr Mann Wilhelm. Nach einem schweren Arbeitsunfall im Wald vor gut zehn Jahren konnte er den arbeitsintensiven Milchviehbetrieb nicht mehr weiterführen. Wilhelm sollte sich schonen, kürzertreten und auf seine Gesundheit achten. Von da an gab es zu Gertruds Leidwesen keine Tiere mehr auf dem Hof. Er sagte dazu nur: »Wenn ich ufhere muaß, dann richtig.« Ein paar Jahre später ist er dann plötzlich gestorben.

Goldgelber Sonnenhut leuchtet weithin und ist als unkomplizierte Pflanze eine feste Größe im Bauerngarten. Darunter: Gertrud gestaltet gerne mit Blüten, Samen und Gräsern aus ihrem Garten. Kleine, charmante Hingucker findet man deshalb hie und da.

Ältester Hof der Gemeinde

Das Hofgebäude des Burghofes stammt aus dem Jahr 1598 und wurde im sogenannten Heidenhaus-Stil erbaut, der ursprünglichsten Form des Schwarzwaldhauses. Er ist somit der älteste Hof in Neukirch und sein Name geht wohl auf eine schon im Mittelalter aufgegebene oder nicht fertiggestellte kleine Burg zurück. Und tatsächlich findet sich in alten Grenzbeschreibungen des Klosters St. Peter aus der Zeit um 1200 der Name »Burg« für dieses Stückchen Erde. Gertrud erzählt, dass man bei Erdarbeiten und Baumaßnahmen immer wieder auf Tonziegelscherben stößt. Wie viele alte Höfe weist auch der Burghof eine recht wechselvolle Geschichte auf.

Wilhelms Urgroßvater war Holzhändler aus Berghaupten im Kinzigtal. Er konnte den Hof von einem ledigen Geschwisterpaar erwerben, um für sich und seine Familie ein Auskommen zu sichern. Gefallen aber hat es ihm hier nie. Das kann man sich auch gut vorstellen, denn das mild-warme untere Kinzigtal und der raue, schneereiche Hochschwarzwald, das ist ein Unterschied wie Tag und Nacht. Allen Vorfahren war die Unabhängigkeit und Selbständigkeit in die Wiege gelegt. So waren sie auch die Ersten in der Gemeinde mit Stromversorgung. Unten im Brennersloch, einem tief eingeschnittenen Tal zwischen Neukirch und der Hexenlochmühle, wurde das dafür notwendige Transformatorenhäuschen gebaut. Der Strom trieb dann auch die hofeigene Einblattsäge an.

Zusammen mit ihrem Mann Wilhelm führte Gertrud den Hof als Milchviehbetrieb. Anfangs fuhren sie die zwei 40-Liter-Kannen noch täglich mit dem Traktor zum Nachbarn. Als dann die Zufahrt geteert und damit der steile Stich zum Hof besser befahrbar war, konnte die Milch mit einem Tankwagen abgeholt werden. Das aber brachte im Winter so seine Probleme mit sich, denn am Burghof gibt es reichlich Schnee und er bleibt lange liegen.

Im Frühbeet drängt sich noch der Salat, daneben erklimmt eine Erbsenhecke die Stützbögen aus gebogener Weide.

»... ich milch allei«

Auf dem elterlichen Hof im Linachtal gab es zwei Gärten. Den großen Gemüsegarten am Hof und den kleinen Leibding-Garten der Oma. Dieser lag zwischen den Häusern und bekam so auch nicht allzu viel Sonne ab. Deshalb wuchsen in den vier quadratischen Beeten vor allem Blumen. Dieses bunte kleine Stückchen Erde war für Gertrud damals etwas Besonderes. »Der hätt mich immer so fasziniert«, sagt sie heute noch schwärmend. Dort wuchs auch eine rosafarbene Rose, die herrlich duftete, aber niemand wusste ihren Namen. Dann gab es Fliederbüsche und viele Stauden wie das Tränende Herz und den blau blühenden Eisenhut. Blumen, die mit Duft, Anmut und Charme ihr Herz berührten. Sie hat schon als kleines Mädchen gerne im Garten gearbeitet und oft genug sagte abends die Mutter zu ihr bei der Stallarbeit: »Gosch in Garde, ich milch allei, aber dass dich de Babe it sieht.« Der Vater hatte Gartenarbeit als nicht wichtig erachtet, den frischen Salat zum Mittagessen dagegen schon. Die Zeit dafür musste man sich regelrecht stehlen, die Arbeiten heimlich machen. Wen er im Garten sah, dem wurden sofort andere Arbeiten aufgetragen. Und trotzdem fand Gertrud Freude am Garten. »Viel han ich glehrt vo de Muadder«, sagt sie und lächelt milde.

Gertrud war das älteste von vier Geschwistern und musste ordentlich mithelfen auf dem Hof. Damals war es nichts Besonderes, drei Wochen lang Kartoffeln zu hacken. Dafür wurde jede Hand gebraucht. Ihre Mutter war gesundheitlich etwas angeschlagen, deshalb wollte der Vater auch nicht, dass Gertrud länger als nötig von zu Hause weg war. So konnte sie ihre hauswirtschaftliche Lehre erst spät beginnen, ein halbes Jahr Fremdlehre am Kaiserstuhl schloss sich an. »Ha jo, des war so«, sagt die sympathische Frau mit dem warmen Lächeln.

Selbst auf dieser Höhe blühen und fruchten Tomaten, allerdings nur im Gewächshäusle. Mitte: Der blau blühende Eisenhut aus Gertruds Kindheit findet zusammen mit Lavendel, Margeriten und mannshohen Königskerzen einen Platz neben dem Gemüse.

Erst kurz nach ihrer Hochzeit im Jahr 1969 erhielt sie dann den Meisterbrief der Ländlichen Hauswirtschaft.

Steinreicher Garten

Der idyllische Hof war nunmehr Gertruds Zuhause. Sie hat als Bäuerin in Feld und Stall gearbeitet, den Garten bestellt, die Familie versorgt und vier Kinder großgezogen. Mehrere Jahre stand sie auch dem Ortsverein der Landfrauen vor. Der Garten in seiner jetzigen Größe umfasst zwei Ar. Als sie auf den Hof kam, war er noch in Kreuzform und mit vielen Wegen unterteilt. Die Fläche fürs Gemüse erschien Gertrud für die große Familie einfach zu klein. Sie schüttete kurzerhand die Wege zu, übrig blieb ein einziges recht großes Gemüsefeld. Das obere Viertel blieb der Schwiegermutter vorbehalten, sie pflegte es bis ins hohe Alter. Die Schwarzen Johannisbeeren waren ihr Heiligtum. »Des git a guads Likörle«, erklärte sie immer. Später wurde dieser Bereich mit Lesesteinen aus Gertruds Gartenanteil aufgeschüttet, um für die nach einem Schlaganfall pflegebedürftige Schwiegermutter ein sonniges Plätzle zu schaffen. Gertrud und ihr Mann haben die liebe, geduldige Frau noch zwei Jahre gepflegt, bis sie im gnadenreichen Alter von 90 Jahren gestorben ist.

Bunte Farbtupfer durch
Stauden, Einjährige
und Kräuter inmitten
des Gemüsegartens.

Dekorativ und
schmackhaft zugleich,
die roten Mangold-
stängel der Sorte
»Rhubarb Chard«.

Blumenkästen mit roten und rosa Geranien binden das Haus charmant in die Gartengestaltung ein.

Reihe nach Plan

Auf der nach Süden ausgerichteten, windgeschützten Terrasse auf 920 Meter kann man im Winter die Sonne genießen. Überhaupt, das mit dem Winter oder vor allem mit dem Schnee ist hier so eine Sache. Der Burghof ist ein Schneemagnet, das jedenfalls könnte man denken, wenn er im März noch so hoch liegt, dass man den Weg zum Gewächshäusle freischaufeln muss. Doch auch diese Schwierigkeit ändert nichts an Gertruds Gartenleidenschaft. »Jä jo«, sagt sie dazu nur und lächelt. So werden jedes Jahr die Pflänzchen geduldig vorgezogen: Salat, Tomaten, Zucchini und Brokkoli, der hier besonders gut wächst. Später im Frühjahr, wenn es schon etwas wärmer ist, kommt auch das Frühbeet zum Einsatz, darin werden gerne Mangold und Peterle gesät. Das Gemüse wird seit dreißig Jahren in Reihenmischkultur gepflanzt, so wird der Platz im Beet optimal genutzt und Schädlinge haben wenig Angriffsfläche. Gertrud geht nach Plan vor und berücksichtigt dabei auch die Bedürfnisse von Stark- und Schwachzehrern. Gerne schaut sie in den Aussaatkalender von Maria Thun.

Erbsen oder Bohnen bekommen Stützhilfe mit Weidenbögen, ansonsten hält sich die dichte Bepflanzung gegenseitig. Für bunte Farbtupfer sorgen hohe Königskerzen, einjährige Pflanzen wie Islandmohn sowie herrlich altmodischer Strandflieder, die sich zwischen das Gemüse geschmuggelt haben. Auch Kräuter wie Kamille, Ringelblume und Minze haben ihren Platz und werden für den Haustee gebraucht. Mehrjährigen Stauden bleibt der Rand des Gemüsebeetes und die Rabatte an der Stützmauer vorbehalten. Hier können nur die robustesten Stauden auf Dauer überleben, wie der hohe rosafarbene Staudenphlox »Württembergia«, goldgelber Sonnenhut oder die rote Goldmelisse. Sie haben zu Recht die Bezeichnung Bauerngartenstauden verdient.

Nicht nur die raue Lage ist aus gärtnerischer Sicht ein Problem, auch die Beschaffenheit des Bodens lässt zu wünschen übrig. Er ist hier sehr kalkarm und auch sandig, deshalb wird regelmäßig gekalkt und mit Gesteinsmehl verbessert. Eine Kuh gibt ja bekanntlich nicht nur Milch, sondern liefert auch Mist für hochwertigen Humus. Da eine solche aber auf dem Burghof nicht vorhanden ist, muss Gertrud ihren eigenen Kompost herstellen. Küchenabfälle, Holzasche, Pflanzenreste und Grasschnitt kommen dazu in eine große gezimmerte Kiste. Im Sommer bevölkern ausladende Zucchinipflanzen die nährstoffreiche Rotte und decken mit ihren großen Blättern das Ganze nutzbringend ab.

Frühstadium der Fruchtbildung bei Tomaten, der später abfallende Griffel ist noch zu sehen.

Vorrat im Winter

In dieser Abgeschiedenheit war es immer wichtig, seine Vorräte gut über den Winter zu bringen oder haltbar zu verarbeiten. »Hit isch des jo kei Problem«, sagt Gertrud. Die segensreiche Erfindung der Kühltruhe hat wohl schon manche Hausfrau und Bäuerin gepriesen. Das meiste Gemüse friert sie ein, Bohnen und Brokkoli werden dazu vorher blanchiert. Lauch, Sellerie und »Gelbe Rüble« werden sortiert: Die kleinen und krummen Knollen und Wurzeln werden grob zerkleinert, in Tüten abgepackt und dann als Brühgemüse verwertet; das schöne Wurzelgemüse kommt mit frischem, feuchten Moos dazwischen in Holzkisten in den Keller. Aus ihren Beeren kocht Gertrud im Winter je nach Bedarf Marmelade. Die Zutaten für den »Familienhaustee« werden den Sommer über getrocknet, anschließend gemischt. Zusätzlich sammelt sie noch Heilkräuter wie Kamille, Schafgarbe oder Wermut. Aus diesen stellt sie Tinkturen, Salben oder Heiltees her, sogenannte »Husmittele«, die Hausapotheke auf dem Hof für Mensch und Tier.

Gertrud wohnt noch immer im Wohntrakt des Hofes. Vor Jahren wurde alles sorgfältig renoviert und den Bedürfnissen von Martins Familie angepasst. Da haben sie auch den ehemaligen Ökonomietrakt zu einer großzügigen Wohnung umgebaut. Durch die vier Kinder ist Leben im Haus und Gertrud nicht alleine, obwohl sie sich hier oben nicht einsam fühlt. »Ma gwöhnt sich dra«, sagt sie und lächelt. Im Winter fertigt sie Schwarzwälder Strohschuhe, Kränze aus Trockenblumen werden geflochten oder Kräutersäckle genäht. Sie liebt dieses Plätzle und vor allem ihren Garten: Er ist tägliche Aufgabe und bringt immerwährendes Wohlbefinden. Und sie freut sich an den Jahreszeiten, die hier oben am Haus besonders eindrücklich vorbeischauen.

Der Balzer Herrgott

Nicht weit von Gertruds Hof entfernt im Wald, mitten im Quellgebiet der Wilden Gutach, gibt es eine besondere Weidbuche. In etwa zwei Meter Höhe sieht man den Kopf einer Christusfigur aus Sandstein, die herzförmig vom Stamm der Buche überwallt ist. Schon als die Figur um 1870 angebracht wurde, war sie nur noch ein Torso. Dies belegen Fotos. Noch 1927 war der ganze Körper gut zu sehen. 1981 ist nur noch das Gesicht zu sehen, bald wäre nichts mehr von der Figur zu sehen gewesen. Baumexperten legten den Kopf wieder frei und schützten die Rinde, doch der Baum nimmt wiederum ungewöhnlich schnell Besitz von der Figur. Das lässt sich dadurch erklären, dass die Weidbuche in ihrer Jugend aus mehreren Stämmen buschig wuchs, da sie immer wieder von Tieren verbissen wurde. Erst im Alter von etwa 100 Jahren wuchsen die Stämme zu einem mächtigen Stamm zusammen. Zwischen solchen Einzelstämmen, die heute noch zu erkennen sind, ist die Figur eingeklemmt. Über die Herkunft des steinernen Herrgotts ranken sich Legenden. Wahrscheinlich ist, dass es sich bei der Figur um das ehemalige Hofkreuz des Könighofs handelt, der am 24. Februar 1844 von einer Lawine verschüttet wurde. Viele Menschen kamen um, Arme und Beine der Figur wurden abgeschlagen. Nachdem sie jahrelang unbeachtet im Wald gelegen hatte, brachten Gütenbacher Uhrmachergesellen sie an dem Baum an.

Hilfe bei der Gartenarbeit bekommt sie keine. »Dia Familie sitzt gern im Garde zum Kaffee trinke«, sagt sie und lächelt wieder.

Die Mitte des Gartens und somit der beste Platz gehört dem Gemüse, angepflanzt in Reihenmischkultur.

Gartentipp:

Wurzelgemüse einmieten | Gertruds Mutter und Großmutter haben schon Sellerieknollen, Gelbe Rüble, Rahnen (Rote Bete) und Kohlrüben im Gewölbekeller in eine Kiste geschichtet: eine Lage Gemüse, eine Lage frisches, feuchtes Moos aus dem Wald, dann wieder Gemüse. Den Abschluss bildet ein dicker Moosdeckel. Das Moos hält die Wurzeln lange frisch und schützt sie in zu kalten Kellern.

Wasser ist Leben, deshalb ist Gertrud oft mit der Gießkanne im Garten unterwegs.

Feine Likoransätze stehen auf der Fensterbank in großen Glasballons. Da freut man sich schon aufs Probieren.

Rezepttipp:

Haustee »Quer durch den Garten« | Im Frühjahr werden zuerst Himbeer- und Brombeerblätter gesucht, sie sind die Basis. Das Jahr über kommen dann Kräuter und Blumen dazu: Blätter und Blüten von der Indianernessel, Königskerzenblüten, Ringelblumen, Spitzwegerich, Brennnessel und verschiedene Minzen. Die Zusammensetzung des Tees ist nie gleich und deshalb schmeckt er auch immer anders. Aber immer gut!

Schwarzer Johannisbeerlikör | Beeren waschen und abtropfen lassen. Eine weithalsige Flasche gut putzen und ausspülen. Die Flaschen nun bis zur Hälfte mit Beeren füllen. Je nach Größe der Flasche gibt man eine halbe oder ganze Vanilleschote und 1 bis 2 Zimtstangen dazu. Darüber kommt nun brauner Kandis, bis die Flasche zu drei Vierteln gefüllt ist. Nun alles mit Korn oder Obstwasser aufgießen. Die Flaschen schließen und auf der Fensterbank etwa 6 bis 8 Wochen ziehen lassen. Gelegentlich durchschütteln. Dann abseihen und noch ein paar Wochen im dunklen Keller nachreifen lassen. Gertrud dazu: »Früher hat mer en Likör kriagt, wenn mer Buchweh ghet hät, des hät immer gholfe.«

Hilda Eckmann | Der Garten muss ordentlich sein

»Ma muaß de Bluame scho z'liab laufe«

Von Walburga Schillinger

In der großen, hellen Stube des Vogtshofes duftet es angenehm nach frisch gebrühtem Kaffee, eine Biskuitroulade mit Sahne und Erdbeerstückchen gefüllt steht auf dem gedeckten Tisch. Immer wenn sich Besucher anmelden und es zeitlich einigermaßen möglich ist, werden diese mit frisch gebackenem Beerenkuchen aus dem Garten verwöhnt. Für Hilda Eckmann eine selbstverständliche Geste der Gastfreundschaft. Vorbereitet sein und etwas anbieten zu können, ist eine alte hauswirtschaftliche Tugend, die in früheren Zeiten noch gelehrt und allerorten praktiziert wurde.

Hilda Eckmann, Jahrgang 1939, 5 Kinder, 10 Enkel, Buchenbach (Landkreis Breisgau-Hochschwarzwald).

Tunnelbögen mit Netzen schützen Salatsetzlinge vor hungrigen Vögeln. Rechts: die junge Hilda Anfang der 1960er-Jahre.

Vögel picken auch gerne keimende Bohnen aus dem Boden. Feinmaschige Netze tun hier gute Dienste.

Knospige späte Pfingstrosen. Diese langlebige und unkomplizierte Staudenart findet sich in fast jedem Bauerngarten.

Köchin schon in jungen Jahren

Hilda, zu Beginn des Zweiten Weltkriegs auf dem Peterhof im benachbarten Ibental geboren, wurde eine recht intensive Koch- und Hauswirtschaftsausbildung zuteil. Von einer »richtigen« Ausbildung in fremden Betrieben oder Höfen hielt Hildas Vater allerdings nichts. Ihre drei Schwestern und zwei Brüder wurden zu Hause auf dem Hof zum Arbeiten gebraucht. Damals wurden die Kinder mit 14 Jahren aus der Volksschule entlassen. Für die Mädchen war von da an drei Jahre lang die sogenannte Kochschule Pflicht. Einmal in der Woche ging man dort hin. Zudem sollten die Mädchen je einen Winter lang nach »St. Urban« gehen, ein Kneipp- und Kurhaus der katholischen Kirche im Freiburger Stadtteil Herdern. Eine Schwester der Mutter, Schwester Bernarda, war Diätköchin und leitete die dortige Küche. »Dert han ich viel glehrt«, sagt Hilda über ihre Zeit bei den Schwestern.

Daraus hat sich für die vier ältesten Geschwister eine Art Arbeitsteilung ergeben. Der große Bruder und die beiden Schwestern gingen mit dem Vater auf die Felder, führten Ochsen- und Pferdegespanne beim Pflügen und versorgten die Tiere. Hilda arbeitete mit der Mutter in der Küche, bereitete die Mahlzeiten zu, verarbeitete Obst und Gemüse für den Winter und kümmerte sich um Schmutz- und Flickwäsche. Sie tat und tut das auch heute noch gerne, diese Arbeiten entsprechen ihrem Lebensbild, sind für sie selbstverständlich. Das sei heutzutage nicht mehr oft zu finden, stellt sie leise bedauernd fest. »Isere Köchin« nannten sie die Geschwister daher auch, voll Anerkennung. Über ihre häuslichen Ambitionen wurde aber auch gelächelt, wenn die Schwestern mal wieder auf Feste gingen und Hilda zu Hause an ihrer Aussteuer stickte. Im Garten waren die Mädchen vor allem fürs Unkrautzupfen und Weglehacken zuständig. So richtig gezeigt wurde ihnen die Gartenarbeit eigentlich nicht. Später im eigenen Garten hat Hilda sich dann an das ein oder andere erinnert.

Die Wallfahrtskapelle Maria Lindenberg bei St. Peter

Auf dem 720 Meter hohen Lindenberg steht die große, in ihrer jetzigen Form aus den Anfangsjahren des 19. Jahrhunderts stammende Kapelle in exponierter Lage. In den 1960er- und 70er-Jahren wurde sie innen und außen renoviert und mit einer neuen Orgel ausgestattet. Von hier oben hat man einen herrlichen Rundblick ins Dreisamtal nach Freiburg, nach St. Märgen und St. Peter und hinunter ins Ibental. Der Wallfahrtsort existiert nachweislich seit dem Jahr 1497. Jedes Jahr an Mariä Himmelfahrt wird ein großes Patroziniumsfest gefeiert. Aus diesem Anlass strömen schon seit Jahrhunderten die Gläubigen aus den umliegenden Städten, Dörfern und Höfen zu den Gottesdiensten. Das Bildstöckchen in der Kerzenkapelle weist auf den Ursprung der Wallfahrt hin – eine Gebetserhörung in schwerer Not. Beim begüterten Gallibauern Pantaleon Mayer aus dem Ibental grassierte einst eine verheerende Viehseuche, die nicht endete. Er sah diese als Strafe für sein sündiges Leben an. In einem Traum hörte er eine Stimme, die ihn aufforderte, der Jungfrau Maria eine Bildsäule zu stiften. Er versprach dies und schnell war die Seuche vorbei, ohne Spuren zu hinterlassen. Er gab die Bildsäule in Auftrag. Die erste Kapelle auf dem Lindenberg wurde dann nach einer erneuten Marienerscheinung vermutlich an derselben Stelle wie das Bildstöckle erbaut.

Das praktische Setzholz bleibt immer am Beetrand stecken. So kann man immer schnell ein paar neue Setzlinge einpflanzen.

Der Vater begleitet die Tochter zum Tanz

Öffentliche Hochzeiten, oder wie man im Alemannischen sagt, »a rechte Hochzig«, waren vielerorts noch üblich. Dazu waren die Nachbarn, das ganze Tal oder wer auch immer wollte eingeladen, mit den Brautleuten zu feiern und zu tanzen. Die Zeche musste aber jeder selber zahlen. Bei einer solchen Gelegenheit hat Hilda recht bald ihren Fritz kennengelernt. Friedrich, wie er eigentlich richtig heißt, hat damals mit ein paar Kameraden in der Gegend Tanzmusik gespielt. Bis die Mädchen 18 Jahre alt waren, begleitete sie der Vater zu solchen Veranstaltungen. Später durften sie auch alleine hingehen. Aber mit dem Fahrrad »sin mer it so wiit kumme«, erklärt Hilda und lächelt etwas verschmitzt. Es dauerte nicht mehr lang und ihre eigene Hochzeit stand vor der Tür: Eine Schwester von Fritz wollte damals ebenfalls heiraten und da nun auf dem Vogtshof eine Arbeitskraft fehlte, wurde aus Hilda flugs die junge Vogtsbäuerin. »Des war dert halt aso«, sagt Hilda zu diesem Umstand.

Die Familie Eckmann, seit 1625 Besitzer des großen stattlichen Hofes, stellte viele Generationen lang die Vögte des Buchenbacher Tals. Das Hofgebäude selber war in den 1930er-Jahren abgebrannt und wurde danach in moderner Weise wieder aufgebaut. Es steht an exponierter Stelle, direkt neben der Talstraße, mit Blick nach Westen ins Dreisamtal. Durch die Weite des Talbodens gehören schöne Sonnenuntergänge, vielgestaltige Himmelsszenarien vor Wetterumschwüngen und dramatisch heraufziehende Unwetter zum Alltag der Hofbewohner.

Selbst am Stallfenster stehen Blumenkästen mit leuchtend roten Geranien.

Es wird weitergemacht

Sie war ja mit 22 Jahren doch recht jung, als sie geheiratet hat, meint Hilda heute. Und dann kamen auch noch schnell hintereinander drei ihrer schließlich fünf Buben zur Welt. Die Anfangszeit in ihrer Ehe war sicher nicht leicht. Hilda arbeitete hauptsächlich auf dem Feld und im Stall, gekocht und den Garten versorgt hat die »Stiefschwiegermutter«. Viel Zeit blieb nicht für die Kinder bei der vielen Arbeit. »'s isch halt aso gsi«, kommentiert sie das heute bedauernd. Und immer wurde sie kontrolliert, bei allem, was sie tat. Erst als die Schwiegermutter älter wurde und krank, übernahm Hilda Garten und Küche. Eigentlich musste sie sich das Gärtnern ja selbst beibringen, erklärt die schlanke kleine Frau mit der gepflegten Hochsteckfrisur. Und es stand nie zur Debatte, ob der Garten bewirtschaftet wird oder nicht, das war selbstverständlich. So ein Garten gehört einfach zu einem Hof dazu, meint sie weiter. Außerdem schmeckt das Gemüse aus dem eigenen Garten einfach besser, da ist sich Hilda ganz sicher. Sie hat dann einfach viel ausprobiert, ihre Erfahrungen gesammelt und immer mal wieder auch Bücher übers Gärtnern herangezogen.

Im milden Klima des Dreisambeckens wachsen Tomatenstöcke auch in den Beeten.

Als gartenbegeisterte Seniorbäuerin pflegt Hilda auch die Blumenkästen an Stall und Hofgebäude.

Auch heute noch wird die Familie zu einem Großteil aus dem Garten versorgt. Er ist jetzt nur noch ein Drittel so groß wie früher, der Rest musste vor sechs Jahren dem Neubau eines Maschinenschuppens weichen. Alles alleine hätte sie auch ohne Hilfe nicht mehr bewerkstelligen können. Der 1,5 Ar große, rechteckige »Restgarten« befindet sich an der Giebelseite des Hauptgebäudes, neben dem Zufahrtsweg. Der Hauptweg in der Mitte trennt ihn in zwei Gemüsequartiere, die von schmalen Seitenwegen gesäumt werden. Eingefasst mit einem stabilen Maschendrahtzaun, der Halt für Himbeeren bietet, bildet eine schmale Staudenrabatte mit Taglilien, Lupinen und Pfingstrosen ringsum den schmückenden Rahmen. Immerhin sollen vom Garten ja sechs Personen ernährt werden, Hilda und Fritz sowie ihr ältester Sohn Richard mit Frau samt den zwei Buben. Die junge Familie bewirtschaftet den Milchviehbetrieb im Haupterwerb.

Kohl gibt es in Hildas Garten keinen, dafür fehlt der Platz. Außer Kohlrabi, den kriegt sie unter. Immer steht Salat zur Verfügung, dazu noch Bohnen, Lauch, Gelbe Rüble, Rahnen und Tomaten. »Kunsch oder kunsch it«, so heißt es auch bei Hilda bei der Petersiliensaat, aber dieses Jahr hat alles gekeimt, was die Gärtnerin außerordentlich freute. Eigentlich sollte es ein Leichtes sein, einen Garten auf 445 Meter Höhe zu bewirtschaften, aber statt mit den Unbilden des Wetters muss sie hier gegen Schädlingsbefall ankämpfen, Kohlweißlinge, Lauchmotten und Spatzen. Letztere picken liebend gerne die frisch gepflanzten Salatsetzlinge heraus. Deshalb hält Hilda immer Vliese parat, um bei Bedarf die zarten Pflanzen abdecken zu können. Wenn die Pflänzchen angewachsen und größer sind, können die Vögel keinen Schaden mehr anrichten.

Hildas Beete sind ungefähr einen Meter breit, »beherbergen« meist nur eine Art und sind leicht zu bearbeiten. Im Laufe ihrer jetzt fast fünfzigjährigen Gartentätigkeit haben sich jedoch einige Kombinationen bestens bewährt: Zwiebeln und Gelbe Rüble in einem Beet, daneben passt noch eine Reihe Buschbohnen sehr gut. Jedes Jahr pflanzt sie auch Knollensellerie unter Tomatenstöcke. Ihre Samen kauft Hilda gerne in den Raiffeisen-Märkten und achtet auf die »richtigen Sorten«, also frühe Salatsorten wie den »Maikönig« für den Frühjahrsanbau oder »Braunen Trotzkopf« für die Sommer- und Herbstkultur. Hier gut auszuwählen ist schon der halbe Erfolg. Durch das milde Klima kann sie zeitig

Prachtvolle rot blühende Lupinenstauden bereichern den Garten mit ungewöhnlichen Farbtupfern.

im Frühjahr mit der Aussaat beginnen und braucht dafür kein Frühbeet, nur die ersten Salatsetzlinge kauft sie sich. Damit sie auch ganz genau weiß, wo sie was gesät hat, verwendet sie gelbe beschriftbare Pflanzschilder. Das ist praktisch und sie werden vom Wind nicht weggeweht wie die sonst üblichen leeren Samentüten.

Dann ist da noch die Sache mit dem Mond. Hilda hat da ihre ganz eigenen Erfahrungen gemacht: Wenn sie bei abnehmendem Mond Unkraut zupft und ihre »Wegle« sauberhält, dauert es sehr viel länger, bis das lästige Grünzeug wieder nachwächst. Denn für die ordnungsliebende und gewissenhafte Frau darf es auch im Garten nicht aussehen wie »Kraut und Rüben«. Im Spätsommer, wenn die Zwiebeln so weit sind, knickt sie die noch aufrecht stehenden grünen Blätter oder Schloten um. Die Zwiebeln reifen so besser ab, meint die Gärtnerin. Danach lässt sie sie auf dem Beet trocken werden, später auf dem Stallmäuerle vollends trocknen. Aus den schönsten Zwiebeln fertigt sie lange, kunstvolle Zöpfe, die dann am Erntedankfest den Altar schmücken. Für Blumen ist im Gemüsegarten nicht viel Platz, nur ein paar Zinnien, Sonnenhüte oder Kokaden schleichen sich ab und zu zwischen Lauch und Bohnen.

Buschbohnen-Jungpflanzen sorgen für eine zweite Ernte im Herbst.

Gut und durchdacht bewirtschaftet bietet Hildas kleiner Gemüsegarten eine überraschend große und vielfältige Ernte.

Kein kaltes Gießwasser

Um ihrer Blumenleidenschaft Genüge zu tun, schmückt sie den Hof mit Geranien: am Stall mit einfachen Stehern, am Wohnteil mit sogenannten »Franzosen«. Diese Hängegeranien sind für sie das Sinnbild ländlichen Sommerflors. Am besten in Rot und Rosa. Wenn die Pflanzen im Spätjahr mit ihren langen Ranken fast den Boden erreichen, lässt Hildas Blumenpracht manch einen Spaziergänger oder Autofahrer bewundernd aufblicken. Nach ihrem Erfolgsrezept gefragt, meint sie: Nie mit kaltem Wasser gießen, das tut den Pflanzen nicht gut. »Ma muaß de Bluame scho z'liab laufe.« Gedüngt wird immer an Blatttagen, an Blütentagen kommen sonst die Läuse. Und ganz wichtig: »No eweng schwätze mit denne«, sagt die bescheidene Frau und lächelt.

Es ist ja nicht damit getan, Gemüse und Beeren zu pflegen und zu ernten, sie sollen auch sinnvoll verwertet werden. Mirabellen und Äpfel werden von ihr zu Kompott verarbeitet, Rahnen kommen in Gläser, so wie Bohnen und Tomaten. Johannisbeeren werden zu Gelee verkocht, das später im Rotkraut nicht fehlen darf. Sauerkraut wird eingeschnitten, Äpfel werden eingelagert. Nichts bleibt übrig, alles wird von der fleißigen Frau haltbar gemacht oder zu schmackhaften Mahlzeiten verarbeitet. Noch kocht sie auch an jedem Tag der Woche für die ganze Familie, wie selbstverständlich steht um 11.30 Uhr das Essen auf dem Tisch. Und Brot backt sie auch immer noch selber. Eigentlich sind Hilda und Fritz schon lange auf dem Leibding und ihr bisher so arbeitsreiches Leben könnte nun langsam etwas ge-

ruhsamer werden. Doch davon spürt man bei den beiden noch nichts. »Ich machs jo gern, und so lang ich no kann«, sagt sie leise. Aber eigentlich soll es ja nicht auf immer und ewig so sein.

Rotbraune Taglilienblüten im August kündigen den nahenden Herbst an.

Praktische gelbe Pflanzschilder dienen als Orientierungshilfe und bleiben auch bei starkem Wind im Beet stecken.

Gartentipp:

Salat setzen | Will man Salat oder andere Setzlinge in die Beete bringen, ist es wichtig, ihnen einen guten Start zu ermöglichen. Hilda stellt ihre Setzlinge in eine Wanne und gießt vorsichtig so viel Wasser hinein, bis die Wurzelballen völlig bedeckt sind. Die Pflanzen saugen sich dann voll, bis das meiste Wasser aufgebraucht ist. Das dauert etwa eine halbe Stunde. Danach die Pflanzlöcher ausheben und ebenfalls mit Wasser vollgießen, anschließend die Setzlinge einpflanzen und andrücken.

Himbeeren am Zaun | Ein schnöder Maschendrahtzaun ist in Zeiten der Bauerngarten-Renaissance natürlich eher verpönt, doch auch er hat seine Berechtigung. Er bietet Schutz vor Wildtieren oder streunenden Hunden, lässt Licht und Sonne durchscheinen und ist vor allem hervorragendes Rankgerüst oder prima Aufbindehilfe. Ideal also auch für Himbeeren. Die langen Triebe können so fächerartig an das Gitter gebunden werden. Das verspricht eine optimale Ernte, da jeder Trieb genügend Platz hat und ordentlich Licht bekommt. Auch Wicken oder Kapuzinerkresse können so platzsparend den Gemüsegarten bereichern.

Hildas wohlschmeckende Schlemmerroulade mit Früchten – da kann keiner widerstehen!

Rezepttipp:

Tomaten in Gläsern | In Hildas Garten gibt es immer jede Menge Tomaten. So viele, dass sie nicht alle auf einmal verbraucht werden können. Bei Hilda landen die überschüssigen Tomaten im Vorratsschrank. Dazu reife Tomaten in einer Schüssel mit heißem Wasser überbrühen, die Haut abziehen, grob zerkleinern und pürieren. In Gläser füllen und sterilisieren. Ideal für Suppen und Soßen.

Schlemmerroulade nach Hildas Art | Für die Biskuitmasse 4 Eiweiß und 4 EL kaltes Wasser mit dem Handrührgerät auf höchster Stufe sehr steif schlagen, 200 g Zucker einrieseln lassen und 4 Eigelb auf niedrigster Stufe unter die Masse rühren. 60 g Stärke und Mehl, 40 g Kakao, 1 1/2 gestrichene TL Backpulver mischen und vorsichtig unterheben. Die Masse auf einer mit Backpapier ausgelegten rechteckigen Kuchenform verteilen, im vorgeheizten Ofen bei etwa 200 Grad 10 bis 12 Minuten backen. Den Biskuit nach dem Backen auf ein mit Zucker bestreutes Küchentuch stürzen, aufrollen. In der Zwischenzeit 400 g Sahne mit Sahnesteif schlagen, bis sie fest ist. Rolle wieder aufrollen, Sahne verteilen, mit 400 g geputzten Früchten (Erdbeer-, Birnen- oder Pfirsichstückchen, Himbeeren, Johannisbeeren ...) füllen, wieder aufrollen. Fertig.

»Hab scho immer gern Garde gmacht«

Von Walburga Schillinger

Hanna läuft den schmalen Weg am Balkon des kleinen Schwarzwaldhäuschens hinunter, schaut sich die Blumen in der Rabatte links von ihr genau an, geht dann den Hauptweg entlang und deutet auf ein Beet. »Oma, was isch denn des?« »Fenchel, des isch Fenchel«, sagt die Oma und lächelt.

Adelheid Ketterer, Jahrgang 1941, 3 Kinder, 8 Enkel, Breitnau (Landkreis Breisgau-Hochschwarzwald) mit einer ihrer Enkelinnen.

Erstkommunion im Hochschwarzwald, Adelheid und ihre Enkelin in Tracht.

Vom oberen Zaun aus hat man einen herrlichen Blick auf den Garten und die angrenzende Landschaft.

Der Anfang war nicht leicht

Die Oma heißt Adelheid Ketterer und ihr Garten ist nicht groß. So erkennt die Enkelin bei ihren regelmäßigen Besuchen alle Neuerungen sofort. Doch das mit dem kleinen Garten war nicht immer so. Adelheid hat 1966 auf den Konradenhof in Breitnau geheiratet. Ein beschauliches Dorf im Hochschwarzwald mit traditioneller bäuerlicher Streusiedlung. Kaum war sie auf dem Hof, legte sie zusammen mit ihrem Schwiegervater zusätzlich zum bestehenden einen zweiten Garten oberhalb des Geräteschopfs an. Vom alten Bauerngarten, der in geschützter Lage direkt neben dem Leibgeding liegt, wollte die Schwiegermutter damals noch ein Viertel haben. Der verbleibende Rest war Adelheid einfach zu klein. Hier oben auf 1000 Meter Höhe, wo die Höfe sich zum Schutz vor Kälte und Schnee dicht an den Berg ducken, ist es wichtig, den richtigen Platz für Gemüse, Beeren, Kräuter und Blumen zu finden. Der erste Gang, den die junge Adelheid mit der Schwiegermutter in den Garten machte, war mehr eine Bestandsaufnahme als eine Besichtigung. Kohlpflanzen und Salatköpfe standen neben Vogelmiere und Quecke. Auch Blumen waren Mangelware. Bislang hatte man sich nicht viel Zeit für den Garten genommen, das musste irgendwie nebenher laufen. Das war damals so üblich. In Adelheids Garten war das fortan anders. Nun wuchsen Bohnen, Salat, Lauch und im Sommer blühten üppige Margeritenbüsche, rosafarbener Staudenphlox der Sorte »Bauernhochzeit« und viele verschiedene Sommerblumen. Denn Adelheid liebt Blumen.

Die Hochschwarzwälder Tracht

Das Gebiet dieser Trachtenform ist wohl die größte zusammenhängende Trachtenlandschaft. Sie erstreckt sich von Freiburg und dem Dreisamtal über den Hochschwarzwald bis zur Baar. Große Teile der Landkreise Lörrach und Waldshut gehören auch dazu. Zum Kirchgang und an Festtagen tragen die Frauen eine kurze taillierte Jacke, den Schopen, und die Backenhaube. Die Frauentrachten unterscheiden sich dabei meist nur in kleinen Details wie Stickereien oder den Kopfbedeckungen. Eine Besonderheit hierbei sind die teils aufwändigen Goldstickereien auf der »Rockbrust« und den Stehbündchen am Mieder. Diese werden in der so genannten Sprengtechnik gearbeitet. Aus steifem Karton schneidet man Blumen, Blätter oder Ornamente aus, färbt diese gelb und klebt oder heftet die Teile auf den dunklen Samt. Um das wertvolle Stickgold zu sparen, arbeitet man mit zwei Fäden, sodass nur auf der Oberfläche der glitzernde Metallfaden zu sehen ist. Ein Handwerk, das sorgfältiges Arbeiten und gute Augen voraussetzt.

Zum Schutz vor der gefürchteten Lauchmotte werden die Zwiebelgewächse mit Netzen geschützt. Anmutige Stockrosen ziehen daneben alle Blicke auf sich.

Es hätte alles so schön sein können, wenn das angespannte Verhältnis mit der Schwiegermutter nicht gewesen wäre. Mit ihr war nicht gut Kirschen essen, so erklärt es Adelheid. Sie war von Anfang an gegen sie als Schwiegertochter. Vielleicht war sie neidisch auf ihr Können in Haushalt und Garten. Und bestimmt wollte sie für ihren Sohn eine gesunde Frau haben, mutmaßt Adelheid über die schwere Zeit am Anfang ihrer Ehe. Die »Altenteiler« bewohnten eine Stube im Hof des jungen Paares und waren deshalb immer da. Im Leibdinghaus lebten damals noch vier ledige Geschwister der Schwiegermutter und alle zusammen mischten sich in alles ein und wollten meist das letzte Wort haben.

Blau blühender Ähriger Ehrenpreis, ein besonderer Staudenschatz in Adelheids Garten.

Die geschützte Lage des Gartens garantiert selbst auf fast 1000 Metern Höhe eine gute Zucchini-Ernte und lässt auch die Flockenblume gut gedeihen.

Folgenschwerer Unfall

Adelheid stammt ursprünglich aus der Wagensteige, einem von St. Märgen nach Buchenbach hinabführenden Tal, das im unteren Teil keine 500 Meter hoch liegt. Beste Voraussetzungen für Gemüseanbau. Schon als kleines Kind war sie mit der Mutter und den fünf Geschwistern im Garten des elterlichen Hofes, hat gerne mitgeholfen, Erbsen gelegt, Gelbe Rüble geerntet und Unkraut gezupft. Garten, das hat schon immer wie selbstverständlich zum Leben von Adelheid dazugehört. Nach der Volksschule hat sie drei Sommer lang in einem Café gearbeitet, aber nichts verdient. »Dia hän mich nu usgnutzt«, sagt sie, immer noch sehr enttäuscht über dieses Gebaren. Nebenher hat sie gelernt, wie die reichverzierten Goldstickereien an dem Kragen und der Rockbrust der Hochschwarzwälder Frauentracht gefertigt werden. Aber auch dafür hat es nur ein Taschengeld gegeben. Auch als Magd auf einem benachbarten Hof hat sie zwei Jahre gearbeitet, bis der Vater der Meinung war, dass es so nicht weitergehen könne und die Tochter eine »richtige« Lehre machen müsse.

Die fleißige junge Frau entschied sich dann für eine Landwirtschafts-Ausbildung, sie wollte Dorfhelferin werden. Doch wie das Leben so spielt, daraus wurde nichts. Adelheid hatte Ostern 1962 einen schweren Unfall. In ihrem Lehrbetrieb war man gerade mit dem Pflügen fertig und sie sollte das Pferd in die Stallungen zurückbringen. Nun ja, reiten ist besser als laufen, dachte sich die junge Frau und setzte sich auf das ausgespannte Pferd. Nach wenigen Schritten jedoch wurde das Tier von Adelheids Kopftuch erschreckt. Es war ihr von einem Windstoß vom Kopf gerissen worden und dem Gaul vor die Augen geflattert. In rasendem Galopp sprengte das Pferd mit Adelheid davon, sie konnte sich nur noch seitlich am Geschirr festhalten. Das Tier schleifte die junge Frau zwei, drei Kilometer über die Felder hinter sich her, bis es vor einem nahenden Waldsaum etwas langsamer wurde und sie endlich loslassen konnte. Eine noch längere Strecke, dazu quer durch den dichten Wald, hätte sie wohl kaum überlebt. Mit zertrümmertem Oberschenkel und ausgekugeltem Oberarm wurde die auch sonst zerschundene Adelheid auf den Hof und in ihre Kammer hinaufgebracht. Erst dann rief man den Krankenwagen, der sie in die Uniklinik nach Freiburg brachte.

»Min 21. Geburtstag han ich in de Klinik volebt«, erzählt die stattliche Frau mit der würdevollen Knotenfrisur weiter. Allein ihr Gesichtsausdruck verrät noch nach 50 Jahren, wie furchtbar

Holzschindeln wurden zum Schutz an die Häuser im Hochschwarzwald angebracht. Damit wurden Wände isoliert und Dächer eingedeckt.

alles für sie gewesen sein muss. Nach drei Monaten Klinik und mit einem langen Nagel im Bein, der erst nach 16 Monaten entfernt wurde, konnte sie die Lehre nicht mehr fortsetzen. Durch verschiedene Stellungen in der Stadt und den Besuch der Winterschule hat sie dennoch viel gelernt, wie sie immer wieder betont. Diese Zeit wollte sie trotz der Unfallfolgen gewinnbringend nutzen und nicht einfach verstreichen lassen. Damals hat Adelheid auch ihren Mann Ernst kennengelernt, »bi nere Hochzit bim Danze«, erzählt sie und lacht fröhlich dabei. Sie war sich lange nicht sicher, ob diese Verbindung überhaupt eine Zukunft hatte. Es war ja nicht absehbar, ob sie irgendwann einmal mit den Spätfolgen ihres Unfalls konfrontiert sein würde. Und das als Bäuerin in einem landwirtschaftlichen Betrieb, wo schwerste Arbeit auf der Tagesordnung stand.

Inzwischen ist Adelheid die Schwiegermutter und bewohnt mit ihrem Mann Ernst das Leibding des aus dem Jahr 1607 stammenden Konradenhofs. Ihr Sohn Burkhard hat den Betrieb übernommen und lebt mit Frau und drei Kindern im Haupthaus. Vieles hat sich verändert, jahrhundertealte Strukturen lösen sich auf, wandeln sich. Auch hier auf dem Wald, wie die Einheimischen sagen, dreht sich die Welt immer schneller. Doch Adelheid bestellt ihre Gärten auf dem Hof wie eh und je. »Ich han Spaß am Vosorge vo de Familie«, sagt sie. Ihre Schwiegertochter hat leider kein Interesse am Garten und Adelheid weiß nicht, wie lange sie die beschwerliche Gartenarbeit noch machen kann. Die Knie bereiten ihr ziemliche Probleme, ein Überbleibsel des tragischen Unfalls. Den »neuen Garten« am Schopf, vor fast 50 Jahren angelegt, hat sie mittlerweile aufgegeben. So bleibt ihr heute der kleine Bauerngarten am Leibding.

Die reifenden Schötchen des »Judas-Silberlings« im abendlichen Gegenlicht – ein besonders reizvoller Kontrast.

Nur wissen, wie's geht

Hier oben auf dem Breitnauer Hochplateau fegen immer kalte Winde. Die Alten sagen: »'s isch a Dreivierteljohr Winter un a Vierteljohr kalt.« Da ist es mehr als verwunderlich, was Adelheid alles aus ihrem Garten hervorbringt. Nicht zuletzt ist die Lage des Gartens wichtig: Windgeschützt muss er sein und gut von der Sonne beschienen. Das ist auf dem Konradenhof gut gelöst, da der Garten nach Südosten ausgerichtet ist und das Haus als Windschutz im Rücken hat.

In erster Linie baut Adelheid Gemüse und Kräuter für den täglichen Verbrauch an. Aus Lauch, Gelben Rüben, Sellerie und weiteren Zutaten macht sie Suppenwürze für den Vorrat, wenn es viele Bohnen gibt, kommen sie in Gläser. Für eine üppige Vorratshaltung ist der Garten allerdings nicht groß genug. Zudem gilt es täglich sieben Familienmitglieder zu verköstigen. Durch jahrelange Erfahrung weiß sie heute ganz genau, was wo am besten wächst. So baute sie früher im oberen Garten vor allem Gelbe Rüben, Kohl und Himbeeren an, der leichte Sandboden eignete sich hervorragend dafür. Im kleinen Bauerngarten, wo auch ein Gewächshäusle steht, gedeihen dafür Lauch, den die ganze Familie liebt, Mangold, diverse Salate und Stangenbohnen. Die sät sie erst relativ spät im Juni. Vorher ist es meist noch zu nass und zu kalt. Dafür wachsen sie dann umso besser und eine gute Ernte ist gewiss. Im kleinen Gewächshäusle wachsen sogar in dieser Höhe noch Tomaten, Zucchini und Gurken. Auch sämtliche Gemüse und viele Blumensetzlinge zieht sie hier in ihrem Häusle selbst.

Der kleine Garten scheint fast überzuquellen vor Blumenpracht und Gemüsefülle, nur der von Flechten überzogene Staketenzaun fasst alles ordnend zusammen. Hier zu arbeiten bereitet Freude, das Ganze belohnt mit einem grandiosen Ausblick ins Tal, wo sich sanfte Waldsäume mit gewellten Hochtalwiesen abwechseln. Und mittendrin ein buntes bäuerliches Kleinod, ihr Garten. Viele Bäuerinnen geben die schwierige Höhenlage als Grund an und geben ihre Gemüsegärten auf. Adelheid lächelt und erklärt: »Ma muaß halt nu wisse, wias goat.« Um die gefürchtete Lauchmotte abzuhalten, spannt sie Insektennetze über die Beete. Und mit Hilfe einer Tunnelkonstruktion aus Haselruten, Tontöpfen und Folien kann sie sogar bei Schnee, und der fällt hier reichlich, regelmäßig Feldsalat ernten – und das mitten im Winter.

Die glockenförmigen Kelchblätter der Lampionblume liegen für eine herbstliche Dekoration bereit.

Staudenmargeriten sind ausgesprochen pflegeleichte und langblütige Gartenschönheiten, doch leider nicht mehr oft anzutreffen.

Lange Reihen mit frischer Petersilie in Adelheids Garten für die Käseherstellung. Ganz rechts: auch im Vergehen noch schön – die braunen Fruchtstände der Akelei.

Peterle für den Käse

Augenfällig sind die sechs langen Reihen »Peterle«, was selbst für die große Familie ein bisschen zu viel erscheint. »Den bruche mir fır de Käs«, sagt Adelheid und beschreibt ausführlich, wie auf dem Konradenhof Käse hergestellt wird. Im April 1984, als die Milchquotenregelung in Kraft trat, fasste sie kurzerhand den Entschluss, aus der überschüssigen Milch Käse zu machen. Früher hätten alle Höfe ihren eigenen Käse produziert, erzählte ihr die Mutter. Warum also sollte sie es nicht auch versuchen? Das Problem war nur, das Adelheid vom Käsen keine Ahnung hatte. Käserei-Kurse konnte man auch nicht einfach belegen, die fanden alle weit weg im Allgäu oder in der Schweiz statt. Mit kleinen Mengen hat sie dann zu Beginn experimentiert und sich Rat aus Büchern geholt. Anfangs verschenkte sie ihren Käse, dann wollten ihn immer mehr Leute auch kaufen, die Kundenschar wuchs. Heute werden auf dem Konradenhof etwa 25 000 Liter Milch im Jahr verkäst, hauptsächlich zu Frischkäsesorten. Und dafür braucht Adelheid viel Petersilie. Doch die Milchproduktion wird zum Jahreswechsel eingestellt, die Kühe verkauft und damit gibt es auch keinen Käse mehr. Ihr Sohn und seine Frau geben dieses Standbein auf, das Arbeitspensum ist zu hoch, der Gewinn zu niedrig. Strukturwandel im Schwarzwald.

Zu Adelheids sechzigstem Geburtstag und mit der Hofübergabe an den Sohn haben sie und ihr Mann die Weichen gestellt, um etwas mehr Ruhe in ihr Leben zu bringen. Sie haben seither sämtliche Ehrenämter abgegeben: keine Beratungstätigkeit mehr im Gremium des Badischen Landwirtschaftlichen Hauptverbands, keinen Vorstandsposten mehr bei den Kreislandfrauen Hochschwarzwald. Adelheid hat jetzt endlich genügend Zeit ihren Steckenpferden nachzugehen: Sie liest viel, geht gerne auf Gartenfahrten und tauscht sich dabei mit Gleichgesinnten aus, malt mit Begeisterung Ikonen und widmet sich natürlich der Gartenarbeit. »Do kann mer alles hinter sich lau«, sagt sie und lächelt weise.

Peterle der Sorte »Mooskrause«, von Hand verlesen als würzige Zutat für den Käse.

Gartentipp:

Feldsalat in Höhenlagen | Der Anbau von Feldsalat in kälteren Gegenden ist eigentlich kein Problem. Schwierig dagegen ist die Ernte, wenn Schnee liegt. Adelheid verteilt im Spätherbst um ihre Beete Tontöpfe, alle etwa 10 cm hoch, bei breiten Beeten auch zwischen den Salatrosetten. Dann steckt sie kleine Hasel- oder Weidenruten in flachen Bögen im Abstand von höchstens 30 cm übers Beet. Eine »Wachsende Folie« sowie eine weitere dichte Folie werden dann übers Beet gelegt und mit Steinen und Stangen an den Rändern beschwert. So entsteht ein niederes Kleingewächshaus, in dem der Salat auch bei größeren Schneemengen nicht zusammengedrückt wird. Da nun genügend Luft vorhanden ist, kann er nicht faulen und wächst bei milden Temperaturen sogar weiter.

Mist kompostieren | Auf einem Hof mit Tierhaltung gibt es immer Mist, der als organischer Dünger für den Garten bestens geeignet ist. Er sollte aber nicht frisch ausgebracht werden, sondern kompostiert werden. Adelheids Mann hat dafür zwei einfache, mit Löchern versehene Kisten gezimmert, die auf einer Seite offen sind. Den frischen Kuhmist samt Strohanteilen in eine der Kisten im Wechsel mit Gartenabfällen locker einfüllen. Das Ganze nach gut einem halben Jahr in die zweite Kiste umsetzen und dort noch zwei Jahre arbeiten lassen. Danach hat Adelheid einen nährstoffreichen, feinen Kompost, der sich für alle Pflanzen gleichermaßen gut eignet.

Beste Zutat für die Linzertorte – Marmelade aus Waldhimbeeren.

Rezepttipp:

Suppenwürze Adelheids Art | Sellerie, Gelbe Rüble, Lauch, Peterle, Schnittlauch, Liebstöckel und Zwiebeln waschen und putzen, anschließend grob zerkleinern. Wer es feiner möchte, nimmt den Fleischwolf oder die Küchenmaschine. Danach wird das Gemüse in einer großen Schüssel mit Salz vermengt, auf 3,5 kg Gemüse kommen 500 g Salz. Das Gemenge randvoll in Gläser drücken. Zum besseren Luftabschluss kann man noch gutes Öl aufgießen. Die Gläser verschließen, kalt und dunkel aufbewahren. Durch den hohen Salzgehalt ist das Gemüse bis zur nächsten Gartensaison haltbar. Vorsichtig beim Würzen, erst ausprobieren, damit die Speisen nicht zu salzig werden. Bestens geeignet für Suppen, Eintöpfe, Soßenfonds, Kartoffelsalat, Gemüsegerichte, Fleischteige, Reis ...

Linzertorte mit Himbeermarmelade | 200 g Mehl, 200 g Butter, 100 g Puderzucker, 100 g gemahlene Haselnüsse oder Mandeln, 1 Ei, 2 EL Kirschwasser, 1 Prise Salz, 1/4 TL gemahlene Nelken, 1/2 TL gemahlener Zimt, etwas geriebene Zitronenschale. Alles zu einem Teig zusammenkneten, 2/3 des Teigs auswellen und in eine gefettete Springform geben, einen Rand legen. Danach selbstgemachte Himbeermarmelade auf dem Teig verteilen. Aus dem restlichen Teig Steifen ausrädeln und als Gitter über die Marmelade legen. Ein Eigelb mit etwas Kaffeesahne verrühren und die Gitter vorsichtig anpinseln. Backzeit etwa 30 bis 40 Minuten bei 175 Grad.

»Jedes Gardejohr isch widder andersch«

Von Barbara Sester

Roswitha »Rosi« Philipp (links), Jahrgang 1964, 3 Kinder, 1 Enkel; Hilda Philipp (rechts), Jahrgang 1928, 4 Kinder, 5 Enkel, 2 Urenkel; Fröhnd-Ittenschwand (Landkreis Lörrach).

Hilda Philipp hat eine große Rezeptsammlung. Neben Kochbüchern auch Rezepte von Backpulvertütchen, fein säuberlich in ein Heft geklebt. Besonders die Anleitungen zum Einmachen aus den Anfangstagen der ganz in der Nähe ansässigen Firma Weck haben deutliche Gebrauchsspuren. »Bi iis wird viel iigmacht, au hüt noch«, sagt sie. Bohnen, Rote Bete, Rotkraut, auch Beeren und Marmelade. Der Weg von Ittenschwand hinunter ins Tal ist steil und kurvenreich.

Bis heute gibt es keine Bushaltestelle, nur einen Schulbus. Daran haben sich die Bewohner längst gewöhnt, ein Auto ist unerlässlich. Hilda hat keinen Führerschein und erklärt damit auch die große Bedeutung des Gartens zur Versorgung, früher noch mehr als heute. Seit einem Schlaganfall vor über einem Jahr kann sie kaum mehr in den Garten, was sie sehr bedauert. Für Schwiegertochter Rosi, die als Floristin arbeitet, ist das eine große Umstellung. »Mir müesse jetzt halt manches andersch mache«, sagt sie. Zum ersten Mal wurde in diesem Jahr kein Sauerkraut eingemacht.

Oben: Auch am Bauernhaus zeigt Floristin Rosi ihr Geschick.
Unten: Emma Philipp, Jahrgang 1930, ledig, lebte immer auf dem Hof.

Es klappert und klopft

Im Fröhnder Ortsteil Holz steht die älteste noch funktionierende Klopfsäge des Schwarzwaldes. Sie wurde am Anfang des 19. Jahrhunderts errichtet und liebevoll restauriert. Sie besteht fast nur aus Stein und Holz, dazu Eisen, wo es nötig war. Etwa beim Sägeblatt, das mittels einer Nockenwelle auf und nieder bewegt wird. Der Antrieb erfolgt durch Wasserkraft. Im großen Quelleinzugsgebiet des Wiesentals spielte das Wasser schon immer eine große Rolle, später beim Aufbau und Betrieb der Textilindustrie. An den Sommerwochenenden und in den Ferien sowie nach Vereinbarung kann man die Fröhnder Klopfsäge in Betrieb sehen und vor allem klopfen hören.

Auch bei den Philipps spielt der Anbau in Reihen eine wichtige Rolle. Rechts: Bei Rosi darf sich vieles selbst aussäen wie hier eine Kamille.

Hühnerklappe

Neben dem etwa 50 Quadratmeter großen Bauerngarten vor dem Haus wurde rund ums Haus ein gemütliches Gartenrefugium geschaffen, dem man die Sammel- und Bastelleidenschaft der Hausbewohner ansieht. Da steht eine im Wald gefundene Lore, die vom früheren Granitabbau zeugt, neben einer aus einem Baumstumpf geschnitzten Eule und im Kirschbaum hängt ein mehrstöckiger Nistkasten. »Do het mi Maa e Vogel-WG zemmezimmeret«, sagt Rosi lachend. Sie liebt die taukühlen Morgen, wo sie nach den Blumen und dem Gemüse schauen kann, bevor sie zur Arbeit fährt. Genau wie ihr Mann und ihre beiden Söhne Michael und Florian. Zurück bleiben Hilda und Emma. Emma ist zusammen mit Hildas verstorbenem Mann Emil und sechs weiteren Geschwistern auf dem Hof aufgewachsen und immer geblieben. Emma kümmert sich um ihre Hühner, die so zahm sind, dass sie sich von ihr auf den Arm nehmen lassen. Ihr Stall und Gehege ist von einer Obstwiese umgeben und wenn ein Huhn durch den Zaun entwischt, wird es durch eine in Brusthöhe befindliche Klappe im Zaun wieder zurückbefördert. Emma jätet, erntet und hilft beim Einmachen.

Angebaut werden Blumenkohl, Wirsing, Brokkoli, Karotten, sämtliche Krautarten und Mangold. Von diesem bereitet Hilda die Stiele nach einem Rezept aus ihrem Elternhaus in einer säuerlichen Mehlschwitze zu. Die Mangoldblätter werden wie Spinat durch den Wolf gedreht. Salat wird immer so gepflanzt, dass es die ganze Saison welchen zu holen gibt.

Das Gartenwerkzeug steht immer einsatzbereit am Zaun.

Kräuter-Kreisverkehr

Für die vielen Kräuter wurde in der Mitte des Gartens ein »Kreisverkehr« angelegt – das Beet ist wegen des besseren Wasserablaufs mit Feldsteinen leicht erhöht und Holzkacheln als Gehweg sorgen dafür, dass man auch bei Regenwetter gut Kräuter pflücken kann. Seit Rosi die Regie führt, darf alles ein wenig wilder wachsen als zu Hildas Zeiten, die es gerne etwas strukturierter hatte. »Jedes Gardejohr isch widder andersch. Des g'fallt mir«, sagt Rosi. Sie lässt Kräuterdolden ebenso stehen wie die verblühten Ringelblumen, Löwenmäulchen und Bartnelken. Sie schüttelt im Vorbeigehen die reifen Blütendolden oder nimmt Samen zum Trocknen ab und freut sich, wenn sich die Blumen im Folgejahr an verschiedenen Stellen im Garten ausgesät haben. Eine eigene Anzucht macht Rosi sonst nicht, sondern bezieht Samen und Pflanzgut aus der Gärtnerei. Gemüsesetzlinge

Unterhalb des Hauses zum Tal hin haben sich die Philipps gemütliche Ecken mit allerlei Sammlerstücken geschaffen.

aller Art, die ihre Gärtnerei aus dem Rheintal bezieht, werden im Wiesental immer noch stark nachgefragt. Um den Garten gibt es einen Maschendrahtzaun. Leider, findet Rosi, denn sie hätte gerne einen Staketenzaun aus Holz. Weil die Straße aber direkt am Garten vorbeiführt, befürchtet ihr Mann, dass der Schneepflug beim Räumen den Zaun umdrücken würde. »Aber vielliecht bring en i noch überredet«, sagt sie schmunzelnd. Was man bei Rosi nicht findet, sind Rosen. Sie mag nicht so gerne mit Pflanzenschutz hantieren und findet, es gibt auch sonst genügend schöne Blumen für ihren Garten.

Trotz der Höhenlage von 650 Metern ist es hier recht mild, sodass Physalis ebenso reifen wie eine pilzresistente Tafeltraube an der Hauswand. In den Kübeln und Kästen rund ums Haus verwandeln Dahlien, Herbstastern und Phlox die Sitzplätzchen im Spätsommer in ein buntes Paradies. Auch für die kühleren Jahreszeiten haben die Philipps vorgesorgt, denn sie sind gerne draußen. Es gibt eine Art Bar aus großen Steinen am rückwärtigen Hang, Überdachung und einer aus Scheitholz aufgesetzten Theke im Westernstil. Hier treffen sich alle gerne zum abendlichen Grillen und genießen windgeschützt den Blick ins Tal.

Aufgeplatzte Samenstände künden das baldige Ende des Sommers an. Rechts: Kosmeen und Dahlien geben sich ein buntes Stelldichein.

Jede Generation hat gebaut

Diesen Blick hat auch Hilda aus ihrem Küchenfenster, er gleicht einer Panoramatapete: Bewaldete Kuppen umrahmen Wiesen, in den Tälern säumen Hecken die Bachläufe. Dazwischen die roten Dächer der ebenfalls zu Fröhnd gehörenden Weiler Holz und Künaberg. Unten im Tal fließt die Wiese und sammelt das Wasser von den steilen Nebentälern unterhalb von Belchen und Feldberg, den höchsten Schwarzwaldgipfeln. Das Wasser brachte hier im vorvorigen Jahrhundert die Textilindustrie und damit Kleinbauern schon früh Einkommensmöglichkeiten außerhalb der Landwirtschaft. Auch Hilda und Emma haben »in der Irisette« in Schönau gearbeitet – Hilda bis zu ihrer Heirat und Emma, solange es die Fabrik gab.

Hildas Mann kam aus dem Krieg zurück und wurde nie mehr richtig gesund. 1978 starb er mit 51 Jahren, die drei Kinder waren da zwischen 9 und 18 Jahren. Die Landwirtschaft ernährte die Familie, wenn alle mit anpackten. Alle Kühe der Nachbarhöfe wurden jeden Tag gemeinsam auf die Sommerweide auf dem Berg getrieben, die Milch an Sammelstellen erfasst. Für die steilen Wiesen brauchte es Spezialmaschinen, die für die Heubergung zum Teil noch heute im Einsatz sind. Die Bekämpfung des Adlerfarns war schon immer ein Thema in der Region – nicht erst seit es immer weniger Weidetiere gibt. Eine Brennerei gab es früher auf dem Hof, den Wald gibt es noch immer. Nach einem Brand 1928 wurde das Bauernhaus wieder aufgebaut und seither hat jede Generation daran gebaut, damit alle Platz unter dem ausladenden Dach finden. Als Rosi und Dieter den Hof 1987 übernahmen, wurde eine Zentralheizung eingebaut, das Dachgeschoss isoliert und ausgebaut. Ein Einschnitt war es, als 2001 die Milchwirtschaft aufgegeben wurde. Rosi arbeitet seit dieser Zeit wieder als Floristin. Auf dem Hof gibt es aber noch fünf Mutterkühe und ihre Nachzucht. Die Tiere, die den Sommer über auf den Weiden hoch über dem Weiler zubringen, werden in einem kleinen Schlachthaus in Schönau geschlachtet und ihr Fleisch findet gut Abnehmer.

Jetzt steht wieder eine Erweiterung des Hofes an: Tochter Sandra will mit ihrem Partner zurück auf den Hof kommen und den Heuboden zu einer Wohnung ausbauen. Beide mögen den Ort und finden zunehmend Spaß am Garten, was Rosi und die anderen Frauen sehr freut. Inzwischen gibt es mit Sandras Tochter Leni auch eine vierte Generation und vielleicht bald noch eine kleine Gärtnerin.

Landschaft am Belchen. Auf den Hangweiden breitet sich Adlerfarn aus und muss gemäht werden.

Eine Portion Heimat

Für Hilda bedeutete der Garten immer Abwechslung von der Arbeit auf dem Hof. »I bi immer gern in de Garde«, sagt sie. Nun macht ihr Körper nicht mehr mit und sie schaut etwas wehmütig auf Emma, die körperlich noch topfit ist. »Sie hat immer ein schönes Leben hier gehabt«, sagt die Seniorbäuerin über ihre Schwägerin, die immer selbstverständlicher Teil der Familie war. Der kleine Weiler hat 50 Einwohner und ist eine Gemeinschaft, in der jeder auf jeden schaut. Emma wurde kürzlich auf der Wiese liegend gesehen; besorgt wurde Rosi informiert. Doch Emma kam da schon fröhlich von ihrem Beerensammel-Spaziergang zurück. Um besonders schöne Himbeeren zu pflücken, musste sie unter einem Zaun hindurchkriechen. Natur, Wald und Wiesen verschmelzen in Ittenschwand mit dem Garten. Bis heute hat es im

Kräftige Farbenspiele, wo man hinblickt im Bauerngarten.

In der Philipp'schen »Essigküche«.

Garten keine Himbeeren. »Die us em Wald schmecke doch vill besser«, sagt Hilda. Zur Selbstversorgung gehört auch Apfelessig. Der Most wird dazu nach der Gärung abgelassen und mit einer hauseigenen Essigmutter versetzt. Nach vier bis fünf Jahren sei der Essig schön mild. Alle in der Familie verwenden nur diesen Essig. »Min Sohn trinkt amel e Glas, wenn er in de Cheller chunnt«, erzählt Rosi.

Die Südschwarzwälder sind leidenschaftliche Sammler. Nicht nur die Philipps gehen ausgiebig »in d' Pilz«, »in d' Heidelbeer« oder sammeln Preiselbeeren, die auf dem unbewaldeten »Ittenschwander Hörnle« im Spätsommer zwischen lila Erika bestens wachsen und ein malerisches Bild abgeben. Auch die junge Generation macht mit und Hund Gismo freut sich über die Ausflüge. Wenn die Pilzausbeute mal wieder besonders gut war, wird ein Postpäckchen geschnürt und Hildas Tochter bekommt eine Portion Heimat nach München geschickt.

Gartentipp:

Petersiliensaat | Wenn man Petersilie im August aussät, haben die Pflänzchen im Frühjahr einen Wachstumsvorsprung und werden schön groß und kräftig.

Geordnete Wildnis | Einjährige sich aussäen lassen, auch Nebenkulturen und Wildkräuter haben ihre Berechtigung im Garten.

Hilda hat viele Rezepte gesammelt und feinsäuberlich aufgeschrieben.

Für das Sammeln von Preiselbeeren gibt es extra Körbe, die am Gürtel befestigt werden können.

Rezepttipp:

Eingemachte Rote Rüben (Rote Bete, Rahnen) *(nach dem alten Kochbuch von Hilda Philipp)* | Von etwa 1 kg Rüben das Kraut bis auf 2 cm entfernt von der Knolle abschneiden, die Rüben abbürsten, dabei die Rüben nicht verletzen, da sie sonst beim Kochen ausbluten. Die Rüben weich kochen; je frischer sie sind, desto schneller geht es. Dann mit kaltem Wasser abschrecken und schälen. In nicht zu dünne Scheiben schneiden, mit kochend heißem Sud aus 250 g Zucker, 0,5 l Wasser übergießen und in einem Mullbeutel eingebundene Nelken, Ingwer und Senfkörner dazugeben. Das Ganze über Nacht stehen lassen. Anderntags abschmecken und ohne die Gewürze, aber mit einem Stückchen Lorbeerblatt in die Einkochgläser füllen und einkochen. Einkochzeit: 30 Minuten bei 98 Grad.

Preiselbeeren | 1 kg Preiselbeeren und 1 kg Zucker mit einem Viertelliter Rotwein aufkochen, etwa 20 Minuten köcheln lassen. Heiß und randvoll in Schraubgläser füllen, diese kopfüber abkühlen lassen. Der Saft von Preiselbeeren hilft übrigens sehr gut bei Blasenleiden.

»Lisbeth, wänn könne mer d' Herdöpfel setze?«

Von Barbara Sester

Auf Samentütchen sieht das Gemüse immer so perfekt aus. Gleichmäßig, groß und knackig. So, wie man es selbst meist nicht hinbekommt. Doch bei Elisabeth Kaiser sehen Salat, Bohnen, Radieschen und Möhren genau so aus. Wo liegt das Geheimnis? Sie stehen in Reih und Glied in ihrem Garten vor dem stattlichen Schwarzwälder Haus in Häusern im Südschwarzwald. Nicht gerade eine Gunstlage, weder vom Boden noch vom Klima her, das ganz schön rau ist. Doch Boden und Beete in ihren Gärten werden mit sehr viel Erfahrung und ebensolchem Einsatz liebevoll gehegt. Einmal in der Woche, am liebsten morgens vor dem Frühstück, geht die Gärtnerin mit der Hacke durch. Sie lockert den Boden und rückt allem zu Leibe, was in ihrem Garten nichts zu suchen hat. »Uukrut ka i gar it ha«, sagt die resolute Frau mit dem Kurzhaarschnitt.

Elisabeth Kaiser, Jahrgang 1948, 2 Kinder, 2 Enkel, Häusern (Landkreis Waldshut).

Ein Gewächshaus ist für die Anzucht in Höhenlagen unerlässlich. Das Wohnhaus schmücken ganz klassisch Geranien.

Die Mondphasen sind wichtig

Gemüse und Blumen wachsen auch deshalb so gut, weil bei Elisabeth Kaiser ausschließlich alles zur richtigen Mondphase in den Boden kommt. Nach altem Volkswissen geht vom Mond eine starke Wirkung aus. Bei zunehmendem Mond steigen die Säfte, bei abnehmendem Mond fließen sie nach unten. Dementsprechend werden bei abnehmendem Mond Obstbäume oder Kartoffeln gepflanzt, bei zunehmendem dagegen Getreide gesät oder Bäume veredelt. Von diesen Einflüssen ist Elisabeth Kaiser absolut überzeugt. Auch davon, dass es zudem noch auf den Verlauf des Tagbogens des Mondes ankommt. Wird dieser Bogen von Tag zu Tag flacher, spricht man von »nidsigend«. Wird er dagegen wieder höher, ist »obsigend«. Auf diese auch Nordwende oder Südwende genannten und jeweils etwa zwei Wochen dauernden Phasen zu achten, ist besonders im Alemannischen üblich.

Elisabeth mit etwa 14 Jahren vor dem elterlichen »Gasthaus zur Sonne« in Indlekofen.

Jetzt haben die Kürbisse ihre Zeit! Sie verdrängen die letzten Erdbeeren im Vordergrund.

Gärtnern im großen Stil

Um zu wissen, was wann in die Erde kommt, schaut Elisabeth im Bauernkalender nach, der immer aufgeschlagen in der Stube liegt. Nachbarn kommen zu ihr an den Gartenzaun und fragen, wann der richtige Saatzeitpunkt ist: »Lisbeth, wänn könne mer d' Herdöpfel setze?«

Ihre Mutter war als junges Mädchen drei Jahre in einer Gärtnerei in der nahen Schweiz, wo alles genau nach dem Mond gepflanzt wurde. In Garten und Ackerfeld bei der elterlichen Gastwirtschaft in Indlekofen wurde fortan auch auf den Mond geachtet. Hier lernte Elisabeth das Gärtnern im großen Stil. Für die gut gehende Wirtschaft »Sonne« wurde alles selbst angepflanzt: Pro Jahr war das die stattliche Zahl von 420 Weißkrautköpfen, 400 Stangenbohnen, zehn Pfund Steckzwiebeln, Kartoffeln (»Herdäpfel«), Rahnen (Rote Bete), kleine Gurken zum Einlegen

Kohlrabi – zarter Schmelz – wie aus dem Bilderbuch.

in Essig und Runkelrüben für die Schweine. »Zum Kilbisunntig hän mer oft 300 Schlachtplatte gha un hän en Zentner Suuchrut un zwei Zentner Herdöpfelstock bruucht«, erzählt sie. Für die Wintersaison wurden 350 Kilogramm Sauerkraut eingehobelt. Das Kraut kam dafür in Eichenfässer, die Jahr für Jahr wieder abgedichtet werden mussten. Am Tag vor dem Hobeln kam frisches Nussbaumlaub in die Fässer, das mit kochendem Wasser übergossen wurde. So hatte das am nächsten Tag in die gereinigten Fässer gehobelte Kraut einen unvergleichlichen Geschmack. »De findet mer hüt nümmi.« Später hat auch Elisabeth Steinguttöpfe verwendet. Bei diesen riesigen Materialschlachten hat sie nicht nur das Gärtnern, sondern auch das Arbeiten gelernt. Die Wirtschaft, die gleichzeitig auch noch Poststelle des Ortes war, bescherte der Familie das ganze Jahr Mühe.

Sechs Kulturen auf enger Fläche: Kartoffeln, Schnittlauch, Salat, Lauch, Rahnen (Rote Bete) und Bohnen.

Ein Dreivierteljahr Winter und ein Vierteljahr kalt

Vom auf nur 450 Meter im Obstbauklima liegenden Indlekofen hat die 22 Jahre alte Elisabeth 1968 ins 17 Kilometer entfernte Häusern geheiratet. 950 Meter hoch und nahe dem Kloster St. Blasien gelegen. »Die erscht Zit war's scho hart do. Min erschte Winter isch vum 19. November bis zum 10. Mai gange.« Ein Dreivierteljahr Winter und ein Vierteljahr kalt, würde man hier witzeln. Mit ihrem Mann und den Schwiegereltern lebte sie zunächst in einem 350 Jahre alten Schwarzwälder Rauchhaus mit offener Küche, das heute unter Denkmalschutz steht und vermietet ist. Wo früher der Garten war, steht seit 1990 das neue Wohnhaus der Familie mit drei Wohnungen. Ein kleinerer Garten liegt vor dem Haus, ein etwas größerer mit kleinem Gewächshaus über der Straße. Schon 1972 wurde die kleine Landwirtschaft mit vier Kühen und vier Schweinen aufgegeben. Ihr Mann arbeitete als Fahrer für Tiefkühlkost und hatte später ein Versicherungsbüro, wo seine Frau viele Jahre mithalf. Zusätzlich arbeitete Elisabeth 27 Jahre im Kaufhaus Böhler, einem wahren Tante-Emma-Laden, der im Jahr 2000 geschlossen wurde. Es gab Lebensmittel, Dirndl, Nägel, Mistgabeln, Schermausfallen, Mottenkugeln, aber auch Schlitten und Skier. »Do hät mer wirklich fascht alles kaufe könne«, erzählt Elisabeth begeistert über dieses Traditionshaus.

Ihr familiäres Glück wurde schon bald mit Sohn Roland (1969 geboren) und Tochter Diana (1970) perfekt. Beide leben heute noch mit ihr im Haus, Diana mit Mann Matthias und den Söh-

Über diesen Gartenzaun gibt Elisabeth gerne Gartentipps.

nen Marco und Axel. Leider ist Elisabeths Mann schon mit 51 Jahren an Krebs gestorben. »Eigentlich han i immer denkt, dass i vor ihm goh mue«, sagt Elisabeth mit bewegter Stimme. In ihrer Familie seien Herzprobleme verbreitet und sie leidet seit vielen Jahren an Herzschwäche. Mehrfach musste sie schon operiert werden und muss sich eigentlich schonen. Sie berichtet trocken: »Wo mir de Doktor gsait hät, i söll nümmi gärtnere, han i gsait, do könnet ihr mi au gli iisarge.« Doch tatsächlich hat sie Angst, im nächsten Jahr nicht mehr so viel im Garten machen zu können.

Doch auf ihre Kinder und Enkel kann sie bauen, sie helfen ihr so gut es geht. Alle wissen zu schätzen, was die Mutter und Oma aus dem Garten auf den Tisch zaubert. Tag für Tag, das ganze Jahr, bekocht sie mit großer Hingabe und Liebe ihre Familie. Dabei plant sie die Aussaat des Salats so, dass fast das ganze Jahr frischer Salat auf den Tisch kommt. Bis in den Winter hinein ist das Zuckerhut, der vor dem Frost im Gewächshaus eingeschlagen wird. Suppengrün wird in Portionen eingefroren, Kräuter auf Kuchenblechen schockgefrostet und dann erst verpackt. Aus den Beeren macht Elisabeth Gelee oder friert die Früchte ein. Wirsing wird gleich nach der Ernte fertig gekocht und dann eingefroren. Für jedes Gemüse und jedes Obst hat sie eine bestimmte Zubereitung, wie sie der Familie am besten schmeckt. Für jeden, der von Schule und Arbeit heimkommt, gibt es ein warmes Essen.

Messerle und Scheren sind unverzichtbare Gartenwerkzeuge. Rechts: Zuckerhut ist der letzte Salat des Jahres. Er hält – die Wurzeln in Sand eingeschlagen – bis in den Winter.

Sterneköchin

Kartoffeln lieben alle, festkochend sollen sie sein. Saatkartoffeln der Sorte Belana und Princess hat sie mit ihrem Sohn zusammen bei Landwirten am Bodensee geholt. Nach zwei Jahren Nachbau sei Schluss, was früher anders gewesen sei. Da habe man die Kartoffeln immer wieder nachgepflanzt. Aus Rüben, Karotten und Kartoffeln macht Elisabeth einen Brei, der auch den zunächst skeptischen Schwiegersohn vollends überzeugte. Enkel Marco bescheinigte ihr unlängst: »Du bisch au e Sternköchin.« Wenige Häuser weiter liegt das Hotel Adler mit einem ebensolchen Sternekoch. Zugekauft auf dem Hof werden nur Fleisch, Eier und Brot – am liebsten auf dem Bauernmarkt in Höchenschwand. Vom dortigen Raiffeisenmarkt bezieht sie auch das Saatgut – jedes Jahr nur so viel, wie sie auch aussäen wird. Auf gutes Saatgut lohne sich zu achten oder auch etwas mehr auszugeben, meint Elisabeth. Bei Gurken nimmt sie ausschließlich Samenkörner der rein weiblichen Pflanzen, die es so selektiert zum Beispiel bei Dürr zu kaufen gibt. »Diselle Gurke hän dann keini oder nu ganz kleini Kerne.« Von vier Pflanzen der mehltauresistenten Sorte hat sie in diesem Jahr 84 Gurken geerntet! Für Kopfsalat verwendet sie Samen von Frankonia, der resistenter gegen Mehltau und Blattläuse ist.

Nach der Anzucht im Frühling dürfen im Sommer Gurken im Gewächshaus wuchern. Rechts: Die Beete werden bis an den Rand genutzt.

Erfahrung durch eigene Versuche

Elisabeth hat schon als Kind viel beobachtet und später ihre eigenen kleinen Versuche und Erfahrungen gemacht. Etwa, dass die Rahnensetzlinge nur anwachsen, wenn ihre Wurzeln ganz gerade in die Erde kommen. Es ist daher viel besser, sie vor Ort auszusäen und später überzählige Pflänzchen auszureißen. Unabsichtlich im Mai/Juni, im Sternzeichen Zwilling gesteckte Zwiebeln bildeten tatsächlich zwei Knollen aus. Auch das mit dem Mond wollte Elisabeth genau wissen und hat Stangenbohnen an verschiedenen Tagen gelegt. Die im Nidsigends gelegten wollten sich einfach nicht an den Stangen halten und strebten immer wieder dem Boden zu. Wenn Kartoffeln nicht im Obsigends gepflanzt werden, würden zu viele grüne Kartoffeln obenauf liegen. Nur bei abnehmendem Mond gingen die Kartoffeln oder auch Mist zur Düngung gut in den Boden hinein. Schon jetzt hat sie nachgeschaut, wann dieses Jahr die Kartoffeln in den Boden können. Am 11. oder 12. April soll das sein. Aber auch Ende April sei es gut. Eine Kartoffel-Sprichwort lautet: »Kasch mi setze, wänn de wit, vor em Mai do kumm i it.« Noch vor wenigen Jahren waren die Kartoffeln auf einem kleinen Acker nahe dem Haus. Dieser wurde aufgegeben und die Kartoffeln kamen auch in die Gärten. Was auf diesem begrenzten Stück Land kultiviert und eingelagert werden kann, reicht der Familie dennoch über den langen Schwarzwälder Winter.

Einst mächtiges Reich tief im Wald

Nur drei Kilometer von Häusern entfern liegt St. Blasien. Der Ort im Albtal geht auf eine Klostergründung der Benediktiner im Jahr 858 zurück. Ab dem späten Mittelalter zählte das Kloster St. Blasien zu den mächtigsten Klöstern der Region mit einem starken religiösen Einfluss auf andere Klöster und zunehmend großen Besitztümern, die es zu verwalten galt. Im 14. und 15. Jahrhundert gehörte dem Kloster ein großer Teil des Südschwarzwaldes, eng war die Verbindung zu den Habsburgern. Von hier aus wurde die Entwicklung und Urbarmachung des Schwarzwaldes und seine Besiedelung durch Bauern, Glasbläser und Köhler sehr stark beeinflusst.

Nach einem verheerenden Brand 1768 war es zunächst fraglich, ob das Kloster wieder aufgebaut werden sollte. Unter Fürstabt Martin Gerbert wurde der Wiederaufbau jedoch angegangen. Die mächtige Kirche entstand in der sensationellen Bauzeit von nur neun Jahren, unter Mithilfe vieler Bauern aus der Umgebung. Für den Bau wurden französische Architekten verpflichtet, die spektakuläre Kuppel allerdings errichtete ein heimischer Zimmermeister. Mit einem Kuppeldurchmesser von 36 Metern und einer Höhe von 63 Metern gehört die Basilika zu den größten Kuppelbauten Europas. Neben dem Dom ist in St. Blasien auch das Jesuitenkolleg sehr bekannt.

Gartentipp:

Möhren vor der Fliege schützen | Die Möhrensaat deckt Elisabeth Kaiser mit einem Vlies ab, das auf einem Drahtbogengestell luftig über dem Beet liegt. Zum Jäten wird das Vlies kurz abgenommen, aber gleich wieder abgedeckt. Erst nach Johanni, dem 24. Juni, wird das Vlies weggenommen. Die gefürchtete Möhrenfliege ist dann mit ihrer Eiablage »durch« und richtet keinen Schaden mehr an. Damit die empfindlichen Möhrchen in den Reihen gut sichtbar sind, verwendet Elisabeth Kaiser seit vielen Jahren Saatbänder aus Möhren und Radieschen.

Rosenkohl | Von ihrer Mutter hat Elisabeth Kaiser gelernt, dass man um den 20. August beim Rosenkohl das Herz herausdrehen soll. So geht viel Kraft in die Röschen und diese werden schön groß.

Elisabeth dreht das Herz dieses Rosenkohls heraus. Dann gibt es größere Röschen.

Markiersaat: Den zarten Aufwuchs von Karotten begleiten die Radieschen, die vor den Möhren geerntet werden.

Rezepttipp:

Gulaschsuppe | 100 g Fett zum Anbraten, 300 g Zwiebeln, 4 grüne Paprika, 3 rote Paprika, 3 EL Tomatenmark, 500 g Rindfleisch (junges Weiderind aus dem Südschwarzwald), 2 Knoblauchzehen, Salz, Pfeffer, Paprikapulver, 500 g Rindfleischknochen, 4 Tomaten, 300 g Karotten, 300 g Kartoffeln, Crème fraîche.

Gehackte Zwiebeln im Fett glasig dünsten. Die klein gewürfelten Paprika und das Tomatenmark dazugeben; kurz dünsten lassen. Anschließend das klein gewürfelte Rindfleisch dazugeben, Knoblauch pressen und mit Salz, Pfeffer sowie Paprikapulver würzen. Das Ganze etwa 45 Minuten kochen lassen. Zur gleichen Zeit die Rindfleischknochen in 1,5 l Wasser kalt aufsetzen, ebenfalls 45 Minuten kochen lassen. Dann die Knochen abschütten und die Brühe zur Fleisch-Paprikamasse geben. Die klein gewürfelten Kartoffeln und Tomaten sowie die geriebenen Karotten ebenfalls zugeben und nochmals 45 Minuten köcheln lassen. Zum Schluss die Suppe abschmecken, mit etwas Crème fraîche verfeinern. Mit 3 EL Mehl in Wasser angerührt die Suppe binden.

Beilage aus Steckrüben, Karotten und Kartoffeln | Steckrüben (in Scheiben) und Karotten gestiftelt zu gleichen Teilen (je etwa 500 g) zusammen mit 4 oder 5 geschälten und geviertelten Kartoffeln kochen, bis alles weich ist. Abschütten, pürieren und mit Salz und etwas Pfeffer würzen. Glasig gedünstete Zwiebeln in den Brei geben und servieren.

»Hosch halt dia Dinge gnomme, wia si ware«

Von Walburga Schillinger

Zita Lang, Jahrgang 1943, 6 Kinder, 10 Enkel, Hilzingen (Landkreis Konstanz).

Die Spaziergänger haben sich längst daran gewöhnt, dass man Zita Lang zu jeder Tageszeit in den Gärten antrifft. Im Sommer sieht man die große schlanke Frau mit den grauen kurzen Haaren schon ganz früh am Morgen mit der Gießkanne in der Hand. Das Klima hier im westlichen Hegau ist mild, die Böden sind fruchtbar, alles scheint gut zu wachsen und zu gedeihen, aber dafür braucht man halt Wasser. Zita Lang hat viel zu tun, bis alle Töpfe, Tröge, Kübel, Kästen und die Beete am Haus gegossen sind. Der ganze Hof ist üppig bepflanzt und alles möchte versorgt und gepflegt werden. An heißen Sommertagen ist sie auch abends im Garten, bis zum Einbruch der Dunkelheit und bis ihre Augen das ungeliebte Unkraut nicht mehr genau erkennen können. »A Stirnlampe bekommsch aber it«, sagte Gustl, Zitas Mann, immer. Aber dafür ein Gläschen Wein, das er für Zita und sich in den Garten brachte, um miteinander auf dem Bänkle den Abend ausklingen zu lassen.

Grüne Fensterläden am Hof und ein schön gepflegter Vorgarten, das ist der historische Riederhof im Hegau.

Klosterhof der Markgrafen zu Baden

Ein kleines Schild an der Straße weist den Weg. Fast schnurgerade führt ein ungeteerter Weg auf die Hofstelle zu, die umgeben von wogenden Getreidefeldern alleine auf der kleinen Anhöhe zwischen Hilzingen und Gottmadingen liegt. Der trockene Staub auf der Zufahrt wird an diesem warmen Sommertag vom fahrenden Auto nur so aufgewirbelt – High Noon im Hegau. Rechts entlang dieser Geraden erstreckt sich ein etwa 60 Meter langes, buntes und üppiges Blumenbeet und heißt die Gäste freundlich willkommen. Zwei große alte Birken und eine kleine Kapelle schließen sich an. Linker Hand haben die Hühner ihren riesigen Freilauf, wo sie munter gackern und scharren. Der Riederhof ist ein ehemaliges Gut des Klosters Stein am Rhein und blickt auf eine jahrhundertelange Tradition zurück. Ein Überbleibsel aus Klosterzeiten ist die alte Mauer entlang des großen Gemüsegartens. Der Hof wurde von den jeweiligen Gutsherren als Lehen geführt und war nach der Säkularisierung im Besitz der badischen Markgrafen. Gustl Lang und seine Familie konnten den Hof 1954 kaufen. Davor lebte Familie Lang ebenfalls auf einem Pachthof, dem Schwandorfer Hof bei Salem. Gustls Vater Georg war schon einige Jahre vorher verstorben, nun musste der Zwanzigjährige die Hofnachfolge antreten.

Die junge Zita mit Schwiegermutter Emma beim Gänserupfen.

Ein übermannshoch blühender Duftjasmin verdeckt den Blick in den Garten und weckt die Neugier auf das Dahinter.

Tante Marie und der Rosenkranz

Von Salem nach Hilzingen war Gustl mit seiner Mutter Emma, den fünf Schwestern, seiner ledigen Tante Marie, einem Lehrling und dem Melker umgezogen. Samt der großen Herde rotbunter Zuchtkühe, außerdem noch mit Schweinen, Hühnern und Gänsen. Gustls Tante Marie hatte nie geheiratet, lebte nur für die Familie und lenkte deren Geschicke. Als Älteste hatte sie beim frühen Tod der Eltern versprochen, sich um die jüngeren Geschwister zu kümmern, bis diese versorgt waren. So war sie es gewöhnt, mit ihrer resoluten Art das Regiment auf den Lang'schen Höfen zu führen. Jeden Sonntagnachmittag Punkt vier Uhr mussten alle Frauen vom Hof in der kleinen Fatima-Kapelle den Rosenkranz beten. Das war auch noch so, als Zita auf den Hof kam. Es hat sicher nicht geschadet, auch wenn man öfter gern was anderes gemacht hätte, meint Zita heute lächelnd.

Eine große Hühnerschar gehört schon seit Jahrzehnten zum Hof dazu.

Üppige Kissen mit blühendem Rosenwaldmeister lassen die Ränder am Staudenbeet verschwinden.

Alte Heimat, neue Heimat

Zita wuchs als einzige Tochter mit fünf jüngeren Brüdern in Bühl auf, einem kleinen Dorf beim oberschwäbischen Laupheim. Jeden Sonntagmorgen fuhr das junge Mädchen um 7 Uhr mit dem Fahrrad vom Hof ihrer Eltern ins Dorf zur Frühmesse, um dann anschließend zuhause das Mittagessen zu kochen. Obwohl der Pfarrer dagegen war, durfte sie schon mit 16 Jahren einen Tanzkurs besuchen. »Du sotsch emol zerscht dia Chrischtelehr mache«, sagte dieser. In Bühl war zu dieser Zeit noch einiges los, denn jeden Sonntagabend traf sich die Jugend im Dorfsaal zum Tanz. Zita war auch Mitglied in der Landjugend, die regelmäßig Veranstaltungen und Treffen organisierte. Nach dem Ende der Schulzeit besuchte die junge Frau die Landwirtschaftsschule in Laupheim und schloss diese als Ländliche Hauswirtschafterin ab.

Im Jahr 1963 wurde Zitas Familie zwangsumgesiedelt, ihr Hof sollte einer neuen Ortsdurchfahrt und einem Militärflugplatz weichen. Die Bundesrepublik Deutschland wies ihnen zum Ausgleich einen Hof in Igelswies bei Meßkirch zu. Zita trauerte lange der alten Heimat nach, den Leuten, den Freunden, der Dorfgemeinschaft. »Du häsch halt dia Dinge gnomme, wia sie ware, un mir sin halt alle mitgange«, wie sie weiter erzählt. Der neue Hof wurde für Zita nicht wirklich zur Heimat. Sie selbst war mit Unterbrechungen keine zwei Jahre da.

Charakteristisch für den Hof sind die besonderen Ausspa-rungen in den Fensterläden.

Die Wege sind mit roten Klinkersteinen befestigt, das Wegkreuz wird durch eine Clematis am Rankgerüst betont. Rechts: Vom Blumenbeet geht der Blick in die weite, schöne Hegaulandschaft.

Schnell war alles klar

Bald nach dem Umzug kam Zita über dem Landjugendaustausch nach Hilzingen. Auf den Hof von Gustls Schwester, ein halbes Jahr lang. Dort lernte sie auch ihren Gustl kennen. Schon bald hatte er sich in die hübsche Schwäbin verliebt. Er war damals bereits über dreißig, da wurde es langsam Zeit fürs Heiraten, wie sie heute schmunzelnd meint. Für beide war bald klar, dass alles gut passte. Zita ging dann noch ein paar Wochen an die Bauernschule nach Tiengen zur Erwachsenenbildung und bekochte anschließend für einige Monate die Angestellten einer großen Gärtnerei. Das hat der jungen Frau sehr viel Selbstsicherheit gegeben. Nach nur einem Verlobungsjahr heiratete Zita dann mit 22 Jahren auf den Riederhof. Sie war begeistert von dem frisch renovierten Haus, »aber weisch, du häsch koi Ahnung ket, wa uf dich zuakommt«, beschreibt sie ihre damalige Situation. Zita trat einen riesigen Hausstand an. Im Hofgebäude wohnte zu dieser Zeit ihre Schwiegermutter Emma, bei der in der Kammer auch noch eine ihrer Töchter schlief. Die inzwischen achtzigjährige Tante Marie, drei unverheiratete Schwägerinnen, die aber in Ausbildung waren und deshalb nur ab und zu auf den Hof kamen, sowie die Lehrlinge lebten ebenfalls im Haus. Knechte und Mägde bewohnten das alte Forsthaus, das später abgerissen wurde. So war es keine Seltenheit, dass beim Mittagessen zehn Personen und mehr um den Tisch saßen. Zita hat immer gekocht und das macht sie heute noch gerne und sehr gut. »Mei Schwiegermuetter war a guate, liabe Frau«, erzählt sie, »sie het ma nie koi böses Wort geh.« Die hat alles gerichtet, Salat und Gemüse oder auch zum Vesper Tomatensalat mit Servela, einer in der Schweiz und im Südbadischen beliebten Brühwurst. Das habe immer toll geschmeckt, schwärmt Zita noch heute.

Junge Gemüsekulturen werden mit Grasschnitt gemulcht, damit der Boden nicht so schnell austrocknet.
Rechts: Prachtvoll blühende Clematis strukturiert hier und dort den Garten.

Die Schwiegermutter hat ihr den Rücken freigehalten

Der Anfang war natürlich nicht ganz einfach. Vom Vater hat Zita den guten Rat bekommen: »Mädle, halt's Maul un schaff«, was bei den vielen Leuten auf dem Hof bestimmt kein ganz schlechter Rat war. »Hab halt die Leut g'nomme, wie se waret, und hab it glei alles ändre welle«, erklärt sie lächelnd. So ist sie gut mit allen ausgekommen. Vor allem mit der Schwiegermutter hat es gut geklappt. Die Frauen haben sich gegenseitig unterstützt und jede hat der anderen ihre Bereiche zugestanden. Dabei hat sich die ältere gerne zurückgenommen, weil sie froh war, eine passende Jungbäuerin auf dem Hof zu wissen. Und sie war auch eine gute Oma für Zitas Kinder.

Stallarbeit mochte Zita überhaupt nicht und so widmete sie sich nebenher dem schon vorhandenen kleinen Eierhandel und vergrößerte ihn. Von da an wurden auch Hähnchen aufgezogen, Hühner geschlachtet und die Produkte direkt vermarktet. Der Hauptbetrieb entwickelte sich auch weiter, die Saatgutvermehrung wurde intensiviert. Doch eigentlich war Gustl Landwirtschaft auf dem Riederhof immer schon zu klein. Er hat immer geträumt von einem großen Ackerbaubetrieb im Osten mit mindestens 500 Hektar Fläche, wo die Ländereien mit großen Maschinen bestellt werden. Noch Anfang der 1990er-Jahre wollte er diesen Traum verwirklichen, Gespräche mit einem Makler waren schon im Gange. Gott sei Dank kam es dann doch nicht dazu, denn Zita und ihre Familie wollten auf keinen Fall vom Hegau wegziehen. Der Riederhof sollte ihre geliebte Heimat bleiben.

Hinter bewachsenen Rosenbögen verschwimmt der Hof im üppigen Grün des Staudengartens.

Großer Garten, viele Esser

Gärtnern ist eine der schönsten Arbeiten auf einem Hof, meint Zita, heute noch mehr als damals. Der Gemüsegarten auf dem Riederhof ist sieben Ar groß. »Do hots mir amel scho graust vor dere große braune Fläche im Frühjohr«, erzählt sie über die Anfänge ihrer Gartenleidenschaft. Man war nicht so oft im Garten, andere Arbeiten waren wichtiger. Deshalb hat das Unkraut auch hin und wieder ziemlich überhandgenommen, man kam einfach nicht nach. Versorgung war wichtig, doch Arbeitskraft sollten die Frauen keine in den Garten stecken. Die vielen Helfer mussten aber satt werden. In den frühen Sechzigerjahren wurden schon 30 Tomatenstöcke entlang der alten Gartenwand gesetzt, eine Hälfte des Krautlandes war komplett dem Gemüse zugeteilt, die andere Hälfte »bevölkerten« Kartoffeln. Wie viele Bäuerinnen damals hat auch Zita einiges bei Mutter und Schwiegermutter gelernt, aber auch aus dem Mischkulturen-Buch von Gertrud Franck. Natürlich kommt im Laufe der Zeit auch die eigene Erfahrung dazu und wenn einen der Gartenvirus gepackt hat, wird sowieso alles ausprobiert, gibt Zita lachend zu verstehen. Jede Gärtnerin drückt dem Garten ihren Stempel auf. So wurden auf dem Riederhof viele Beerensträucher gesetzt, die es bis dahin nicht gab. Zita liebt Beeren, vor allem für frische Kuchen. Himbeeren, Johannisbeeren, Brombeeren und Erdbeeren waren auch ein hervorragender Naschgarten für ihre Kinder. Im trocken-warmen Klima des Hegaus gedeihen übrigens auch Andenbeeren prächtig.

Inzwischen ist die alte Klostergartenmauer von rankenden Gewächsen umschlungen, davor der Arbeitstisch mit Saatschalen und Pflanztöpfen.

Der große Gemüsegarten wurde 2001 einer Umgestaltung unterzogen. Immer weniger Kostgänger waren auf dem Hof, die Anbaufläche wurde nicht mehr ganz für Gemüse gebraucht. Zita ging auf Gartenfahrten nach England und Holland und kam mit vielen Ideen und Eindrücken zurück. Die Wege wurden neu gepflastert und die ehemalige Kreuzform, wie in Klostergärten üblich, wiederhergestellt, die Mitte mit einem bepflanzten Rondell betont. In alle Eckpunkte pflanzte man Buchskugeln. In der unteren Hälfte des Gartenareals wurde Gras gesät, Obstbäume wurden gepflanzt. Das obere Viertel haben Stauden, Rosen und Einjährige erobert, ebenso das schmale Beet an der alten Klostergartenmauer. Diese wird aber auch von Kletterrosen, Clematis und Kletterhortensien als Stütze genutzt. Zita hat beim Farbkonzept darauf geachtet, nur Blüten in Pastelltönen zu verwenden, knalliges Orange oder aufdringliches Rot findet man hier nicht. Alle Farben harmonieren miteinander und scheinen wie von Künstlerhand verwischt. Ein Garten ist ja auch erst dann wirklich interessant, wenn auf den ersten Blick nicht alle Winkel gleich zu erkennen sind. Ein schöner Garten will erspürt, entdeckt werden. So stehen in den Pflanzflächen hohe Rankgerüste für Kletterkünstler und üppig bewachsene Rosenbögen laden ein zum Weitergehen. Von ihren Gartenreisen brachte Zita viele besondere Schätze mit, so auch eine *Gillenia trifoliata*, die Nördliche Dreiblattspiere, eine duftende, weiß blühende Staude, oder den Rosenwaldmeister, einen rosa blühenden Bodendecker aus dem Kaukasus.

Nur das letzte Viertel gehört dem Gemüse. Schon früh im Jahr sät Zita Radiesle und Spinat und setzt angetriebene Frühkartoffeln. Salatsetzlinge finden ihren Platz im Gewächshaus oder im Frühbeet, das in sonniger, geschützter Lage an der Gartenmauer lehnt. »Eigentlich lebe mir 's ganze Johr aus em Garte«, sagt Zita fast entschuldigend über die klimatisch hervorragenden Bedingungen auf 460 Metern. Aber das ist es nicht nur. Durch die an zwei Seiten begrenzende alte Gartenmauer entsteht ein geschütztes Kleinklima, kalten Winden wird kein Einlass gewährt. Besondere Sorten werden selber ausgesät, die bekommt man nicht als Setzlinge, wie den Toskanischen Palmkohl, den Zita gerne im Sommer mit anderen Gemüsen zu einem schmackhaften Gericht dünstet. Die Anbaufläche wird somit fast das ganze Jahr belegt, oft kommen auf einen Standort drei ver-

Marienstatue in der kleinen Fatima-Kapelle gleich neben der Hofzufahrt.

Euphorbia griffithii, »Fireglow« oder Himalaya-Wolfsmilch mit orangerot gefärbten Hochblättern.

schiedene Arten nacheinander. Dicht bepflanzt und in Reihenmischkultur wird so der bestmögliche Ertrag erzielt. Der Boden um frisch gepflanzte Setzlinge wird mit Grasschnitt gemulcht, damit er nicht austrocknet. Buschbohnen, Mangold, Paprika, Auberginen, Tomaten und Salat kommen vor allem für den Frischverzehr in die Küche. Wenige Überstände finden Platz in der Gefriertruhe. Dünger wird in Form von Kompost im Frühjahr auf die Beete verteilt. In einem dreigliedrigen System schichtet Zita Hühnermist, Pferdemist, Gartenabfälle, Laub und Erde aufeinander – alles, was anfällt, eben, am besten gut vermischt. Nach drei Jahren kann der gut verrottete Humus ausgebracht werden.

»Des langet für uns zwei guat«, sagt Zita und meint damit die drei gemeinsamen Mittagessen mit ihrem Sohn. Hermann ist jetzt Nachfolger auf dem Hof. Er betreibt Geflügelhaltung mit inzwischen 700 Legehennen und Offenstallhaltung mit zehn Pensionspferden. Im Nebenberuf ist er Stuckateur. Alle anderen Kinder sind aus dem Haus und selbständig, haben zum Teil eigene Familien. Einen großen Einschnitt gab es in Zitas Leben im Sommer 2006, als ihr Mann an einer Lungenentzündung verstarb. Er war schon längere Zeit krank, litt an einer Immunschwäche der Lunge. Diese Krankheit hatte sich im Lauf der Jahre beim Dreschen und Reinigen des Getreides verschlimmert.

Des Herrgotts Kegelspiel

Der Hegau ist eine durch Vulkanismus geschaffene malerische Landschaft zwischen dem Bodensee im Osten, dem Hochrhein im Süden, dem Donautal im Norden und dem Randengebiet als südwestlichem Ausläufer der Schwäbischen Alb im Westen. Auf der Autobahn A 81 Richtung Bodensee fahrend, erschließen sich ab der Raststätte »Im Hegau« rechts und links die markanten 600 bis 850 Meter hohen Kuppen. Auf allen neun Bergen thronten einst Burganlagen, die bis auf die bekannte Festung Hohentwiel nur noch als Ruinen zu erkennen sind. Die Vulkanberge, auch gerne durch den Heimatdichter Ludwig Finckh »des Herrgotts Kegelspiel« genannt, sind viel fotografiert und prägen das Landschaftsbild des Hegaus. Der Hegau gehört aber nicht nur zu den malerischsten, sondern auch zu den erdgeschichtlich bemerkenswertesten Landschaften Deutschlands: Die bizarren Vulkankegel, die hügelige Moränenlandschaft und der angrenzende Bodensee sind das Ergebnis lange zurückliegender geologischer Prozesse.

Auch die Ecken des kleinen Gemüsegartens sind mit großen stattlichen Buchsbaumkugeln betont. Im Hintergrund unter den Birken das Dach der Kapelle.
Rechts: Sibirische Schwertlilien breiten sich am schmalen Beet vor dem Hühner-Freilauf aus und bereichern die Rabatten mit edlem Blauton.

Zeit ist Gartenzeit

Als letztes großes Gartenprojekt entstand die lange Herbstrabatte an der Hofzufahrt. Selbst wenn begeisterte Gärtnerinnen viel Platz auf dem Hof zur Verfügung haben, irgendwann ist auch dieser erschöpft. Manchmal kommen dazu noch veränderte Lebensumstände, wie der Schritt ins Altenteil oder Gustls Tod. Plötzlich fallen viele Aufgaben und Pflichten weg. Man darf oder muss sich fast ausschließlich nur noch um sich selber kümmern. Also wurde im Herbst 2007 ein 60 Meter langer und drei Meter breiter Streifen unter den Pflug genommen. Im darauffolgenden Frühjahr kamen Kartoffeln und Kürbissetzlinge hinein, um den Boden vor der Pflanzung zu verbessern. Eine ertragreiche Ernte stand ins Haus, Zita meint lachend dazu: »Hab gnug Leut an de Hand, wo dia Kartoffle welle hond.« Ab 2009 wurde gepflanzt, Dahlien und besondere Einjährige, geteilte Gräserstöcke aus dem Gemüsegarten und viele Pflanzenschätze, die auf Gartenfahrten erworben wurden. Einige Stauden hat Zita auch selber gezogen, wie die rosafarbenen Lupinen. In der Mitte dieses Beetes hat Zita ein Bänkle aufgestellt, flankiert von sechs Säulenthuja. Hier ruht sich die Gärtnerin gelegentlich aus und auch Spaziergänger dürfen eine Pause einlegen und den Blick in die schöne Hegaulandschaft genießen. Es wird wohl nicht das letzte Projekt der leidenschaftlichen Gärtnerin gewesen sein. Zita plant gerade ein ovales Duftkräuterbeet mit Ruhesteinen drum herum und mit der handwerklichen Hilfe von Hermann dürfte die Umsetzung demnächst anstehen.

Gartentipp:

Dahlien-Tulpen-Rochade | Wenn im Herbst die Dahlienstöcke zum Überwintern ausgegraben werden, nutzt Zita die tiefen runden Löcher für Tulpenzwiebeln. Das Ausheben neuer Löcher entfällt dadurch. Zum Düngen kommt einfach etwas frischer Kompost ins Pflanzloch. Nach der Tulpenblüte im Frühjahr kommen dann wieder die Dahlienstöcke hinein.

Kulturhimbeeren | Himbeeren sind ehemalige Waldbewohner und lieben saure Böden. Zita zerschneidet dazu die Zweige ihres alten Christbaums in kleinere Stücke und verteilt sie um die Himbeersträucher. Dazu kommt noch eine gute Portion Kompost. Diese Art der Christbaum-Entsorgung beschert Zita schon seit Jahren immer eine gute Himbeerernte.

Gut entwickelte Rote-Beete-Setzling mit gewässertem Topfballen werden in Reihen eingepflanzt.

Erdbeermarmelade | Die Erdbeeren, die nicht für Kuchen oder Desserts verbraucht werden, verarbeitet Zita zu Marmelade. Ein bisschen echte Vanille dazu, in Gläser abgefüllt und in der Gefriertruhe gelagert. Die Marmelade behält die tolle rote Farbe und schmeckt wie frisch gemacht!

Große ausgereifte Fleischtomaten eignen sich besonders gut für Zitas Tomaten-Gemüse-Aufstrich.

Rezepttipp:

Tomaten-Gemüse-Aufstrich | Auf dem Riederhof gibt es immer eine reiche Tomatenernte. Dabei werden auch überreife oder aufgesprungene Früchte nicht verschmäht. Diese lassen sich wunderbar zu einem Aufstrich verarbeiten. Etwa 2 kg Tomaten (am besten Fleischtomaten) säubern, Stängelansatz ausschneiden und kleinschneiden, in eine Schüssel geben. Dann werden 3 bis 4 Zwiebeln, eine kleine Knolle Knoblauch, 1 Sellerie, etwa 700 g Gelbe Rüben und 2 große Zucchini in ganz kleine Würfel geschnitten. In eine große Kasserolle gibt man 1/4 Liter Öl, dünstet die Tomaten an und lässt dabei das austretende Wasser verdampfen. Danach kommt das restliche Gemüse dazu, alles gut einkochen, bis eine soßenähnliche Konsistenz entsteht. Mit Chili, Tabasco und Salz würzen. Noch heiß in Gläser abfüllen. Eignet sich wunderbar als Soßengrundlage, als Pizzabelag und Würze für andere Gerichte oder einfach nur aufs Brot. Die Schärfe und der Geschmack lässt sich durch die Menge an Chili steuern.